POTPUNA KUHARICA ZA KARAMELA

Iskušajte se sa 100 primamljivih poslastica blaženstva od maslaca

Branislav Franjić

Materijal autorskih prava ©2024

Sva prava pridržana

Nijedan dio ove knjige ne smije se koristiti ili prenositi u bilo kojem obliku ili na bilo koji način bez odgovarajućeg pisanog pristanka izdavača i vlasnika autorskih prava, osim kratkih citata korištenih u recenziji. Ovu knjigu ne treba smatrati zamjenom za medicinske, pravne ili druge stručne savjete.

SADRŽAJ

SADRŽAJ 3
UVOD 6
DORUČAK 7
   1. Banoffee Cruffins 8
   2. Banana kruh s karameleom i posipom 11
   3. Peach-Toffee kolači 13
   4. Banoffee vafli 15
   5. Honeycomb Toffee Bread 17
   6. Toffee cimet rolice 19
   7. Toffee muffini s jabukama 21
   8. Toffee palačinke s mlaćenicom 23
   9. Toffee cimet zobena kaša 25
   10. Toffee francuski tost 27
   11. Toffee jogurt parfe 29
   12. Toffee banana palačinke 31
   13. Toffee Breakfast Quesadillas 33
   14. Toffee B muffini s mlatarom 35
   15. Toffee Caramel zobene pahuljice 37
   16. Toffee badem granola 39
   17. Toffee muffini od banana kruha 41
   18. Toffee Apple Breakfast Cobbler 43
GRICKALICE I BOMBONI 45
   19. Crunch kreker od čokolade i karamele 46
   20. Karamel orah pločice 48
   21. Toffee indijski oraščić Treasures 50
   22. Toffee žitne pločice 52
   23. Toblerone toffee pločice 54
   24. Kokice od badema 56
   25. Hershey's toffee pločice 58
   26. Banoffee kolačići s espresso kapljicom 60
   27. Zalogaji pite Banoffee 63
   28. Choc Banoffee Filo Stack 65
   29. Banoffee tartlete 67
   30. Banoffee kolačići 70
   31. Smrznute Banoffee poslastice 73
   32. Banoffee umak s Graham krekerima 75
   33. Banoffee Energy Bites 77
   34. Banoffee mješavina kokica 79
   35. Banoffee Bruschetta zalogaji 81
   36. Banoffee granola pločice 83

37. Banoffee S'mores zalogaji 85
38. Banoffee Cheesecake pločice 87
39. CandiQuik kaubojski lavež 89
40. Čokoladni karamel 91
41. Toffee pločice s cimetom 93
42. English Pub Toffee 95
43. Kandirana slanina toffee kvadratići 97
44. Toffee Pretzel Štapići 99

DESERT 101
45. Ljepljivi puding od karamele s umakom od ruma i karamele 102
46. Vlažna ljepljiva torta od banana naopako okrenuta torta 105
47. Ljepljivi puding od jabuka sa začinjenim karamelom 108
48. Sladoled od karamele i karamele 111
49. Lemon Ice Brûlée s karamelom 114
50. Toffee Tartufi 116
51. Miso-Caramel Pear Sticky Toffee kolačići 118
52. Čokoladni Mocha Toffee Chip kolačići 121
53. Toffee mocha pita 124
54. Pot de Crème s komadićima ruže i pistacija 127
55. Banoffee torta 130
56. No-Bake Vodka Toffee kolač od sira od jabuka 133
57. Toffee Poke torta 136
58. Banoffee tartlete bez pečenja 138
59. Sladoled Banoffee 141
60. Brownie Toffee Trifle 143
61. Orašasti kolač Banoffee Bundt 145
62. Toffee Crunch Eclairs 147
63. Toffee kolačići s maslacem od kikirikija 150
64. engleski Toffee 152
65. Krem pita od karamele 154
66. Toffee fondue 156
67. Espresso Toffee Crunch Semifreddo 158
68. Parfe od kave i karamele 160
69. Toffee kruh puding 162
70. Toffee Cheesecake pločice 164
71. Toffee Apple Crisp 166
72. Toffee Banana Split 168
73. Toffee Pecan pita 170

ZAČINI 172
74. Toffee maslac 173
75. Toffee glazura od vanilije 175
76. Toffee umak 177
77. Toffee šlag 179

78. Toffee krem sirni namaz 181
79. Med s infuzijom karamele 183
80. Toffee glazura 185
81. Toffee sirup 187
82. Toffee krema 189
83. Toffee umak za palačinke 191

PIĆA 193

84. Toffee Milkshake 194
85. Toffee Iced Tea 196
86. Banoffee Frappuccino 198
87. Banoffee Smoothie od kave 200
88. Banoffee proteinski smoothie 202
89. Banoffee Blitz koktel 204
90. Ječmeno vino i Toffee 206
91. Crème Brûlée Boba čaj s karameleom 208
92. Toffee Nut Latte 211
93. Toffee ruski 213
94. Banoffee pita Martini 215
95. Banoffee staromodni 217
96. Banoffee Milkshake 219
97. Banoffee pita koktel 221
98. Banoffee pita frape 223
99. Banoffee topla čokolada 225
100. Banoffee Colada 227

ZAKLJUČAK 229

UVOD

Dobro došli u "POTPUNA KUHARICA ZA KARAMELA", preslatko putovanje u svijet blaženstva od maslaca i neodoljive slatkoće. Karamela, sa svojim bogatim okusom karamele i zadovoljavajućom hrskavošću, bila je omiljena poslastica generacijama, cijenjena zbog svog ugodnog okusa i ugodne topline. U ovoj kuharici pozivamo vas da istražite beskrajne mogućnosti karamele sa 100 primamljivih poslastica koje će zasigurno oduševiti vaše nepce i zadovoljiti želju.

Toffee je slastičarski klasik koji je izdržao test vremena, nadilazeći generacije i kulture svojom bezvremenskom privlačnošću. Bilo da se uživa kao samostalan slatkiš, uvršten u peciva ili se koristi kao preljev za deserte, toffee ima način da doda dašak luksuza svakoj kulinarskoj kreaciji.

U ovoj zbirci recepata istražit ćemo umijeće pravljenja karamele od nule, od tradicionalnih recepata koji su se prenosili kroz stoljeća do inovativnih zaokreta koji pomiču granice okusa i kreativnosti. Bez obzira jeste li iskusni proizvođač slatkiša ili početnik u kuhinji, svaki je recept osmišljen tako da bude pristupačan, lak za praćenje i zajamčeno će impresionirati. Ali "POTPUNA KUHARICA ZA KARAMELA" više je od puke zbirke recepata - to je slavlje uživanja, dekadencije i jednostavnih užitaka dobre hrane. Bilo da se počastite slatkim zalogajem, dijelite domaće poslastice s voljenima ili stvarate nezaboravne slastice za posebne prilike, toffee ima način da unese radost i utjehu u svaki trenutak.

Dakle, žudite li za klasičnom toffee pločicom, maslačnim toffee umakom ili dekadentnim desertom prožetim toffeeom, neka vam "POTPUNA KUHARICA ZA KARAMELA" bude vodič do blaženstva s maslacem. Od prvog zalogaja koji se topi u ustima do posljednjeg dugotrajnog okusa karamelizirane dobrote, neka vas svaki recept iskuša svojom neodoljivom privlačnošću i ostavi da žudite za još.

DORUČAK

1.Banoffee Cruffin s

SASTOJCI:
ZA CRUFFIN TIJESTO:
- 1 konzerva tijesta za kroasane (ima u rashladnom dijelu)
- 2 žlice neslanog maslaca, otopljenog
- ¼ šalice smeđeg šećera
- 1 žličica mljevenog cimeta
- 1 zrela banana, tanko narezana
- ¼ šalice toffee umaka ili karamel umaka

ZA PRELJEV:
- ½ šalice gustog vrhnja
- 1 žlica šećera u prahu
- ½ žličice ekstrakta vanilije
- 1 manja banana, narezana na ploške
- Zdrobljeni komadići karamele (po izboru)

UPUTE:
a) Zagrijte pećnicu prema uputama na pakiranju tijesta za kroasane.
b) Otvorite limenku tijesta za kroasane i razmotajte ga. Razdvojite trokute.
c) U maloj posudi pomiješajte smeđi šećer i mljeveni cimet.
d) Premažite svaki trokut kroasana otopljenim maslacem, a zatim ih obilno pospite mješavinom smeđeg šećera i cimeta.
e) Stavite nekoliko kriški zrele banane na širi kraj svakog trokuta kroasana, a zatim pokapajte malo toffee ili karamel umaka preko kriški banane.
f) Smotajte svaki trokut kroasana od šireg kraja do vrha, stvarajući oblik polumjeseca. Provjerite jesu li umak od banane i karamele sigurno unutra.
g) Kalup za muffine namastite neljepljivim sprejom ili maslacem.
h) Svaki napunjeni kroasan stavite u jednu od posuda za muffine, pazeći da je kraj uvučen ispod kako se ne bi odmotao.
i) Pecite u prethodno zagrijanoj pećnici prema uputama na pakiranju tijesta za kroasane, obično dok ne porumene i napuhnu se.
j) Dok se cruffini peku, napravite preljev. U zdjeli za miješanje umutite gustu pavlaku dok se ne zgusne. Dodajte šećer u prahu i ekstrakt vanilije i nastavite mutiti dok se ne stvore čvrsti vrhovi.

k) Nakon što su cruffini gotovi, ostavite ih nekoliko minuta da se ohlade u kalupu za muffine, a zatim ih prebacite na rešetku da se potpuno ohlade.

l) Nakon što se cruffini ohlade, cijedom ili žlicom dodajte šlag na vrh svakog cruffina.

m) Po želji ukrasite dodatnim kriškama banane i zgnječenim komadićima karamele.

n) Poslužite svoje ukusne Banoffee Cruffins i uživajte!

2.Banana kruh s karameleom i posipom

SASTOJCI:
- 1 štapić otopljenog maslaca
- ½ šalice granuliranog šećera
- ½ šalice pakiranog smeđeg šećera
- 1 žlica ekstrakta vanilije
- 2 jaja
- 2 šalice višenamjenskog brašna
- 1 čajna žličica sode bikarbone
- ½ žličice soli
- 1 (5 unci) spremnik grčkog jogurta
- 3 vrlo zrele banane
- 1 šalica komadića karamele
- ½ šalice šarenih posipa
- Način kuhanja: Spriječite potamnjenje zaslona

UPUTE:
a) Zagrijte pećnicu na 350°F i obilno namastite kalup za kruh 9x5.
b) Započnite topljenjem maslaca. U prostranoj zdjeli pomiješajte otopljeni maslac, granulirani šećer i pakirani smeđi šećer. Dodajte ekstrakt vanilije i jaja, miksajući dok se ne sjedine.
c) U zasebnoj maloj posudi pomiješajte višenamjensko brašno, sodu bikarbonu i sol. Postupno dodajte te suhe sastojke u mokru smjesu, miješajući dok se ne sjedine.
d) Nježno umiješajte zrele banane, grčki jogurt, komadiće karamele i ¼ šalice šarenih posipa. Ulijte tijesto u pripremljeni kalup za kruh i pospite preostalim posipom po vrhu.
e) Pecite 55-65 minuta ili dok čačkalica zabodena u sredinu ne izađe čista. Uživati!

3.Peach-Toffee kolači

SASTOJCI:
- 2 šalice višenamjenskog brašna
- 1/4 šalice granuliranog šećera
- 1 žlica praška za pecivo
- 1/2 žličice soli
- 1/2 šalice neslanog maslaca, hladnog i narezanog na kockice
- 3/4 šalice mlaćenice
- 1 žličica ekstrakta vanilije
- 2 šalice narezanih breskvi
- Toffee umak
- Šlag, za posluživanje

UPUTE:
a) Zagrijte pećnicu na 425°F (220°C).
b) U velikoj zdjeli pomiješajte brašno, šećer, prašak za pecivo i sol.
c) Hladan maslac narezan na kockice dodajte suhim sastojcima. Rezačem za tijesto ili prstima izrežite maslac u smjesu brašna dok ne postane nalik na grube mrvice.
d) Napravite udubljenje u sredini smjese i ulijte mlaćenicu i ekstrakt vanilije. Miješajte dok se ne sjedini.
e) Izvadite tijesto na pobrašnjenu površinu i lagano ga premijesite nekoliko puta dok se ne sjedini.
f) Utapkajte tijesto u krug debljine 1 inča i izrežite kolače pomoću rezača za kekse.
g) Pogačice slažite na pleh obložen papirom za pečenje.
h) Pecite 12-15 minuta ili dok ne porumene.
i) Izvadite iz pećnice i ostavite da se malo ohlade.
j) Prerežite kolače vodoravno na pola. Napunite ih narezanim breskvama. Pokapajte toffee umak preko breskvi.
k) Prelijte šlagom i na vrh stavite drugu polovicu kolača.
l) Pokapajte još toffee umaka preko sastavljenih kolača.
m) Poslužite i uživajte!

4.Banoffee vafli

SASTOJCI:
- 2 banane
- 25 g neslanog maslaca
- 30 g smeđeg šećera
- 2 belgijska vafla
- 1 kuglica Banoffee Crunch sladoleda
- 1 kuglica toffee fudge sladoleda
- 15 g vrhnja za šlag
- 20 g dulce de leche
- 15 g čokoladnog umaka
- 2 Cadbury bara
- 3 svježe jagode

UPUTE:
BANANE:
a) Ogulite i narežite banane.
b) U tavi otopite neslani maslac na srednje jakoj vatri.
c) Otopljenom maslacu dodajte smeđi šećer i miješajte dok se šećer ne otopi.
d) Dodajte kriške banane u tavu i kuhajte dok se ne karameliziraju, povremeno ih okrećući. To bi trebalo trajati oko 3-5 minuta. Staviti na stranu.

VAFLI:
e) Tostirajte belgijske vafle prema uputama na pakiranju ili dok ne postanu zlatno smeđi i hrskavi.
f) Stavite jedan tostirani vafl na tanjur za posluživanje.
g) Preko vafla rasporedite sloj karameliziranih banana.
h) Na karamelizirane banane stavite kuglicu Banoffee crunch sladoleda i kuglicu toffee fudge sladoleda.
i) Stavite šlag preko sladoleda.
j) Preko šlaga prelijte dulce de leche i čokoladni umak.
k) Cadbury pločice izlomite na male komadiće i pospite ih po vaflu.

JAGODE:
l) Operite i narežite svježe jagode.
m) Rasporedite kriške jagoda po vrhu vafla.
n) Banoffee Waffle poslužite odmah dok je waffle još topao, a sladoled malo otopljen.

5.Honeycomb Toffee Bread

SASTOJCI:
- 3 šalice višenamjenskog brašna
- 2 žličice aktivnog suhog kvasca
- 1 žličica soli
- 2 žlice meda
- 1 šalica tople vode
- ¼ šalice otopljenog maslaca
- ½ šalice zdrobljene karamele u saću (po želji)

UPUTE:
a) U velikoj zdjeli za miješanje pomiješajte brašno, kvasac i sol.
b) U posebnoj posudi pomiješajte med i toplu vodu dok se med ne otopi.
c) Ulijte smjesu meda i vode u smjesu brašna i dobro promiješajte da dobijete tijesto.
d) Mijesite tijesto na lagano pobrašnjenoj površini oko 5-7 minuta, dok ne bude glatko i elastično.
e) Stavite tijesto u namašćenu zdjelu, pokrijte ga čistom kuhinjskom krpom i ostavite da se diže na toplom mjestu oko 1 sat ili dok se ne udvostruči.
f) Zagrijte pećnicu na 375°F (190°C).
g) Dignuto tijesto izbušite i oblikujte u štrucu.
h) Stavite štrucu u podmazan kalup za pečenje i vrh premažite otopljenim maslacem.
i) Po vrhu štruce pospite zdrobljenu karamelu u saću, lagano je utiskujući u tijesto.
j) Pecite kruh u prethodno zagrijanoj pećnici 25-30 minuta ili dok ne porumeni.
k) Izvadite kruh iz pećnice i ostavite ga da se ohladi na rešetki prije rezanja i posluživanja.

6.Toffee cimet rolice

SASTOJCI:
- 1 paket (8 unci) ohlađenih polumjesecih peciva
- 1/4 šalice komadića karamele
- 2 žlice maslaca, otopljenog
- 1/4 šalice smeđeg šećera
- 1 žličica mljevenog cimeta

UPUTE:
a) Zagrijte pećnicu na 375°F (190°C) i namastite posudu za pečenje.
b) Razmotajte tijesto za polumjesec na čistu površinu i razdvojite ga na trokute.
c) U maloj posudi pomiješajte komadiće karamele, otopljeni maslac, smeđi šećer i cimet.
d) Ravnomjerno rasporedite smjesu karamele preko svakog trokuta tijesta.
e) Svaki trokut zarolajte počevši od šireg kraja i stavite u pripremljenu posudu za pečenje.
f) Pecite 12-15 minuta, ili dok ne porumene.
g) Poslužite toplo i uživajte u ovim gnjecavim Toffee Cinnamon Rolls za doručak!

7. Toffee muffini s jabukama

SASTOJCI:
- 2 šalice višenamjenskog brašna
- 1/2 šalice granuliranog šećera
- 1 žlica praška za pecivo
- 1/2 žličice soli
- 1/2 šalice neslanog maslaca, otopljenog
- 2 velika jaja
- 1 šalica mlijeka
- 1 žličica ekstrakta vanilije
- 1 šalica jabuka narezanih na kockice
- 1/2 šalice komadića karamele

UPUTE:
a) Zagrijte pećnicu na 375°F (190°C) i obložite kalup za muffine papirnatim podlogama.
b) U velikoj zdjeli za miješanje pomiješajte brašno, šećer, prašak za pecivo i sol.
c) U posebnoj zdjeli pomiješajte otopljeni maslac, jaja, mlijeko i ekstrakt vanilije.
d) Ulijte mokre sastojke u suhe sastojke i miješajte dok se ne sjedine.
e) Ubacite jabuke narezane na kockice i komadiće karamele.
f) Tijesto ravnomjerno podijelite u kalupe za muffine.
g) Pecite 18-20 minuta ili dok čačkalica zabodena u sredinu ne izađe čista.
h) Ostavite muffine da se malo ohlade prije posluživanja. Uživajte u ovim ukusnim Toffee Apple Muffinima za slatki doručak!

8. Toffee palačinke s mlaćenicom

SASTOJCI:
- 1 šalica višenamjenskog brašna
- 1 žlica granuliranog šećera
- 1 žličica praška za pecivo
- 1/2 žličice sode bikarbone
- 1/4 žličice soli
- 1 šalica mlaćenice
- 1 veliko jaje
- 2 žlice neslanog maslaca, otopljenog
- 1/2 šalice komadića karamele

UPUTE:
a) U velikoj zdjeli za miješanje pomiješajte brašno, šećer, prašak za pecivo, sodu bikarbonu i sol.
b) U posebnoj posudi umutite mlaćenicu, jaje i otopljeni maslac.
c) Ulijte mokre sastojke u suhe sastojke i miješajte dok se ne sjedine.
d) Presavijte komadiće karamele.
e) Zagrijte lagano namašćenu tavu ili rešetku na srednje jakoj vatri.
f) Ulijte 1/4 šalice tijesta na tavu za svaku palačinku.
g) Kuhajte dok se na površini ne stvore mjehurići, zatim preokrenite i pecite dok ne porumene s druge strane.
h) Poslužite toplo s javorovim sirupom i dodatnim komadićima karamele posipanim po vrhu. Uživajte u ovim slatkim toffee palačinkama za doručak!

9.Toffee cimet zobena kaša

SASTOJCI:
- 1 šalica starinske zobi
- 2 šalice vode
- Prstohvat soli
- 1/4 šalice komadića karamele
- 2 žlice smeđeg šećera
- 1/4 žličice mljevenog cimeta
- 1/4 šalice mlijeka

UPUTE:
a) U malom loncu zakuhajte vodu i sol.
b) Umiješajte zobene pahuljice i smanjite vatru na nisku. Kuhajte uz povremeno miješanje 5 minuta.
c) Umiješajte komadiće karamele, smeđi šećer i mljeveni cimet.
d) Kuhajte još 2-3 minute, ili dok zobena kaša ne postigne željenu gustoću.
e) Maknite s vatre i umiješajte mlijeko.
f) Poslužite vruće i uživajte u ovoj utješnoj zobenoj kaši Toffee za ukusan doručak!

10.Toffee francuski tost

SASTOJCI:
- 4 kriške debelog kruha (kao što je brioš ili teksas tost)
- 2 velika jaja
- 1/2 šalice mlijeka
- 1 žličica ekstrakta vanilije
- 1/4 žličice mljevenog cimeta
- Prstohvat soli
- Maslac za kuhanje
- 1/4 šalice komadića karamele
- Javorov sirup za posluživanje

UPUTE:

a) U plitkoj posudi umutite jaja, mlijeko, ekstrakt vanilije, mljeveni cimet i sol.

b) Svaku krišku kruha umočite u smjesu jaja, pazeći da je dobro obložena s obje strane.

c) Zagrijte tavu ili rešetku na srednje jakoj vatri i otopite komadić maslaca.

d) Stavite umočene kriške kruha na tavu i pecite dok ne porumene s obje strane, oko 2-3 minute po strani.

e) Kuhani tost premjestite na tanjure za posluživanje.

f) Svaku krišku pospite komadićima karamele i pokapajte javorovim sirupom.

g) Poslužite toplo i uživajte u ovim dekadentnim kriškama francuskog tosta Toffee za doručak!

11. Toffee jogurt parfe

SASTOJCI:
- 1 šalica grčkog jogurta
- 1/4 šalice komadića karamele
- 1/4 šalice granole
- 1/4 šalice narezanog svježeg voća (kao što su banane, jagode ili breskve)
- Preljev meda (po želji)

UPUTE:
a) U čašu ili zdjelu za posluživanje rasporedite grčki jogurt, komadiće karamele, granolu i narezano svježe voće.
b) Ponavljajte slojeve dok se čaša ili posuda ne napune.
c) Po želji prelijte medom.
d) Poslužite odmah i uživajte u ovom jednostavnom, ali zadovoljavajućem Toffee jogurt parfeu za doručak!

12.Toffee banana palačinke

SASTOJCI:
- 1 šalica višenamjenskog brašna
- 1 žlica granuliranog šećera
- 1 žličica praška za pecivo
- 1/2 žličice sode bikarbone
- 1/4 žličice soli
- 1 šalica mlaćenice
- 1 veliko jaje
- 2 žlice neslanog maslaca, otopljenog
- 1 zrela banana, zgnječena
- 1/4 šalice komadića karamele

UPUTE:
a) U velikoj zdjeli za miješanje pomiješajte brašno, šećer, prašak za pecivo, sodu bikarbonu i sol.
b) U drugoj posudi umutite mlaćenicu, jaje i otopljeni maslac dok se dobro ne sjedine.
c) Ulijte mokre sastojke u suhe sastojke i miješajte dok se ne sjedine.
d) Ubacite zgnječenu bananu i komadiće karamele.
e) Zagrijte tavu ili rešetku na srednje jakoj vatri i lagano premažite maslacem ili sprejom za kuhanje.
f) Ulijte 1/4 šalice tijesta na tavu za svaku palačinku.
g) Kuhajte dok se na površini ne stvore mjehurići, zatim preokrenite i pecite dok ne porumene s druge strane.
h) Poslužite toplo s javorovim sirupom i dodatnim komadićima karamele posipanim po vrhu. Uživajte u ovim ukusnim toffee banana palačinkama za doručak!

13.Toffee Breakfast Quesadillas

SASTOJCI:
- 4 velike tortilje od brašna
- 1 šalica nasjeckanog cheddar sira
- 1/2 šalice komadića karamele
- Maslac za kuhanje
- Javorov sirup za umakanje

UPUTE:
a) Polovicu svake tortilje ravnomjerno pospite naribanim cheddar sirom i komadićima karamele.
b) Presavijte tortilje na pola kako biste obuhvatili nadjev.
c) Zagrijte tavu ili rešetku na srednje jakoj vatri i otopite komadić maslaca.
d) Stavite napunjene tortilje na tavu i pecite ih dok ne porumene i postanu hrskave s obje strane, preokrećući ih do pola.
e) Maknite s vatre i ostavite da se ohladi minutu prije nego što je narežete na kriške.
f) Poslužite toplo s javorovim sirupom za umakanje. Uživajte u ovim jedinstvenim i ukusnim toffee Breakfast Quesadillama za doručak za zabavan završetak!

14.Toffee B muffini s mlatarom

SASTOJCI:
- 1 1/2 šalice višenamjenskog brašna
- 1/2 šalice granuliranog šećera
- 1 žličica praška za pecivo
- 1/2 žličice sode bikarbone
- 1/4 žličice soli
- 1 šalica mlaćenice
- 1/4 šalice neslanog maslaca, otopljenog
- 1 veliko jaje
- 1 žličica ekstrakta vanilije
- 1/2 šalice komadića karamele

UPUTE:
a) Zagrijte pećnicu na 375°F (190°C) i obložite kalup za muffine papirnatim podlogama.
b) U velikoj zdjeli za miješanje pomiješajte brašno, šećer, prašak za pecivo, sodu bikarbonu i sol.
c) U drugoj posudi umutite mlaćenicu, otopljeni maslac, jaje i ekstrakt vanilije dok se dobro ne sjedine.
d) Ulijte mokre sastojke u suhe sastojke i miješajte dok se ne sjedine.
e) Presavijte komadiće karamele.
f) Tijesto ravnomjerno podijelite u kalupe za muffine.
g) Pecite 18-20 minuta ili dok čačkalica zabodena u sredinu ne izađe čista.
h) Ostavite muffine da se malo ohlade prije posluživanja. Uživajte u ovim vlažnim i aromatičnim muffinima za doručak s karamelom uz jutarnju kavu ili čaj!

15.Toffee Caramel zobene pahuljice

SASTOJCI:
- 1 šalica valjane zobi
- 1 3/4 šalice mlijeka (ili vode za lakšu opciju)
- Prstohvat soli
- 2 žlice komadića karamele
- 2 žlice karamel umaka
- Dodaci po želji: narezane banane, nasjeckani orasi, dodatni karamel umak

UPUTE:
a) U loncu zakuhajte mlijeko (ili vodu) i sol.
b) Umiješajte zobene pahuljice i smanjite vatru.
c) Kuhajte zob prema uputama na pakiranju dok ne postane kremasta i omekša.
d) Kad je kuhano, umiješajte komadiće karamele i karamel umak dok se dobro ne sjedine.
e) Poslužite vruće, preliveno narezanim bananama, nasjeckanim orašastim plodovima i po želji dodatnom kapljicom karamel umaka. Uživajte u ovoj ukusnoj zobenoj kaši Toffee Caramel za ugodan doručak!

16.Toffee badem granola

SASTOJCI:
- 3 šalice starinske zobi
- 1 šalica narezanih badema
- 1/4 šalice komadića karamele
- 1/4 šalice meda
- 2 žlice kokosovog ulja, otopljenog
- 1 žličica ekstrakta vanilije
- Prstohvat soli

UPUTE:

a) Zagrijte pećnicu na 325°F (160°C) i obložite lim za pečenje papirom za pečenje.

b) U velikoj zdjeli za miješanje pomiješajte zobene zobi, narezane bademe i komadiće karamele.

c) U maloj posudi pomiješajte med, rastopljeno kokosovo ulje, ekstrakt vanilije i sol.

d) Prelijte mokre sastojke preko suhih sastojaka i miješajte dok se ne ujednači.

e) Smjesu ravnomjerno rasporedite po pripremljenom limu za pečenje.

f) Pecite 25-30 minuta, miješajući na pola vremena, dok ne porumeni i postane hrskavo.

g) Pustite da se granola potpuno ohladi na limu za pečenje prije nego što je razlomite u grozdove.

h) Čuvajte u hermetički zatvorenoj posudi i uživajte u ovoj hrskavoj i aromatičnoj granoli od karamela i badema s jogurtom ili mlijekom za doručak!

17.Toffee muffini od banana kruha

SASTOJCI:
- 1 1/2 šalice višenamjenskog brašna
- 1 žličica praška za pecivo
- 1/2 žličice sode bikarbone
- 1/4 žličice soli
- 3 zrele banane, zgnječene
- 1/2 šalice granuliranog šećera
- 1/4 šalice neslanog maslaca, otopljenog
- 1 veliko jaje
- 1 žličica ekstrakta vanilije
- 1/4 šalice komadića karamele

UPUTE:
a) Zagrijte pećnicu na 350°F (175°C) i obložite kalup za muffine papirnatim podlogama.
b) U velikoj zdjeli za miješanje pomiješajte brašno, prašak za pecivo, sodu bikarbonu i sol.
c) U drugoj zdjeli pomiješajte zgnječene banane, šećer, otopljeni maslac, jaje i ekstrakt vanilije dok se dobro ne sjedine.
d) Ulijte mokre sastojke u suhe sastojke i miješajte dok se ne sjedine.
e) Presavijte komadiće karamele.
f) Tijesto ravnomjerno podijelite u kalupe za muffine.
g) Pecite 18-20 minuta ili dok čačkalica zabodena u sredinu ne izađe čista.
h) Ostavite muffine da se malo ohlade prije posluživanja. Uživajte u ovim divnim Toffee Banana Bread Muffinima kao ukusnom doručku ili međuobroku!

18. Toffee Apple Breakfast Cobbler

SASTOJCI:
- 4 šalice narezanih jabuka (kao što su Granny Smith ili Honeycrisp)
- 1 žlica soka od limuna
- 1/4 šalice granuliranog šećera
- 1/2 žličice mljevenog cimeta
- 1 šalica višenamjenskog brašna
- 1/2 šalice granuliranog šećera
- 1 žličica praška za pecivo
- 1/4 žličice soli
- 1/2 šalice neslanog maslaca, otopljenog
- 1/4 šalice komadića karamele

UPUTE:
a) Zagrijte pećnicu na 375°F (190°C) i namastite posudu za pečenje.
b) U velikoj zdjeli za miješanje pomiješajte narezane jabuke s limunovim sokom, granuliranim šećerom i mljevenim cimetom dok se dobro ne prekriju.
c) Smjesu jabuka ravnomjerno rasporedite u pripremljenu posudu za pečenje.
d) U drugoj zdjeli pomiješajte brašno, granulirani šećer, prašak za pecivo i sol.
e) Umiješajte otopljeni maslac dok smjesa ne bude nalik na grube mrvice.
f) Presavijte komadiće karamele.
g) Mješavinu od mrvica ravnomjerno pospite po jabukama u posudi za pečenje.
h) Pecite 30-35 minuta, ili dok preljev ne porumeni, a jabuke omekšaju.
i) Poslužite toplo, po želji s kuglicom sladoleda od vanilije ili malo šlaga. Uživajte u ovom ukusnom kolaču za doručak s karamelom i jabukom za ugodnu jutarnju poslasticu!

GRICKALICE I BOMBONI

19.Crunch kreker od čokolade i karamele

SASTOJCI:
- 1,5 košuljica slanih krekera ili 6-8 kom
- listovi matzoha (dovoljno da popune lim za pečenje 11-x-17)
- 1 štapić (8 žlica) maslaca
- 1 šalica tamno smeđeg šećera
- 2 šalice komadića gorke i slatke čokolade
- 1 žličica morske soli, plus još za posipanje

UPUTE:
a) Zagrijte pećnicu na 350°F. Salenike slažite u obložen pleh, pazeći da što čvršće prilegnu. Razbijte slane komade kako bi odgovarali rubovima ili ispunili rupe. Ostavite polomljene komade za kasnije.

b) U manjoj posudi na srednjoj vatri zajedno otopite maslac i šećer uz povremeno miješanje da karamela ne zagori. Zagrijte karamel do vrenja i kuhajte 2 minute. Pomiješajte sol i zatim prelijte preko krekera, rasporedite lopaticom otpornom na toplinu da prekrijete sva mjesta (karamela se vrlo brzo zgušnjava pa to učinite brzo).

c) Pecite toffee krekere 10 minuta, dok toffee ne počnu mjehurići. Izvadite iz pećnice i ohladite 1 minutu.

d) Pospite komadiće čokolade preko vrućeg toffeea. Ostavite ih nekoliko minuta dok se ne počnu topiti. Rasporedite čokoladu preko karamele u ravnomjernom sloju. Ostatke slanika izmrviti u sitne mrvice (ili 5-7 slanih komada izdrobiti u mrvice) i posuti po čokoladi dok je vruća. Preko čokolade možete posuti i malo morske soli.

e) Ohladite krekere dok se čokolada ne stvrdne.

f) Razlomite na komade i čuvajte u hermetički zatvorenoj posudi do tjedan dana.

20.Karamel orah pločice

SASTOJCI:
- 1 kutija mješavine za čokoladnu tortu
- 3 žlice maslac omekšao
- 1 jaje
- 14 unci zaslađenog kondenziranog mlijeka
- 1 jaje
- 1 žličica čistog ekstrakta vanilije
- 1/2 šalice sitno mljevenih oraha
- 1/2 šalice sitno mljevenih komadića karamele

UPUTE:
a) Zagrijte pećnicu na 350.
b) Pripremite pravokutni kalup za tortu sa sprejom za kuhanje i zatim ostavite sa strane.
c) Pomiješajte smjesu za kolače, maslac i jedno jaje u zdjeli za miješanje pa miješajte dok ne postane mrvica.
d) Pritisnite smjesu na dno pripremljene posude i ostavite sa strane.
e) U drugoj posudi za miješanje pomiješajte mlijeko, preostala jaja, ekstrakt, orahe i komadiće karamele.
f) Dobro izmiješajte i prelijte preko podloge u plehu.
g) Pecite 35 minuta.

21.Toffee indijski oraščić Treasures

SASTOJCI:
- 1 šalica maslaca, omekšalog
- 1 šalica šećera
- 1 šalica pakiranog smeđeg šećera
- 2 jaja
- 1 žličica ekstrakta vanilije
- 2 šalice višenamjenskog brašna
- 2 šalice starinske zobi
- 1 žličica sode bikarbone
- 1/2 žličice praška za pecivo
- 1/2 žličice soli
- 1 šalica zaslađenog naribanog kokosa
- 1 šalica komadića engleske karamele od mliječne čokolade ili komadića karamele
- 1 šalica nasjeckanih indijskih oraščića, tostiranih

UPUTE:
a) U velikoj zdjeli miksajte šećere i maslac dok ne postanu pjenasti i svijetli. Ubacite jedno po jedno jaje, dobro tučeći nakon svakog dodavanja. Umutiti vaniliju.
b) Pomiješajte sol, prašak za pecivo, sodu bikarbonu, zob i brašno; polagano dodati u kremu i dobro sjediniti. Umiješajte ostale sastojke.
c) Na nepodmazane limove za pečenje stavljajte po zaobljene žlice na udaljenosti od 3 inča. Pecite na 350 ° dok lagano ne porumene, 12 do 14 minuta.
d) Ostavite da se ohladi 2 minute prije iznošenja na rešetke.

22. Toffee žitne pločice

SASTOJCI:
- 2 šalice valjane zobi
- 1 šalica hrskavih rižinih pahuljica
- 1/2 šalice komadića karamele
- 1/2 šalice nasjeckanih orašastih plodova (kao što su bademi ili pekan orasi)
- 1/2 šalice meda
- 1/2 šalice kremastog maslaca od kikirikija
- 1 žličica ekstrakta vanilije

UPUTE:
a) Zagrijte pećnicu na 350°F (175°C) i obložite posudu za pečenje papirom za pečenje.
b) U velikoj zdjeli za miješanje pomiješajte zobene zobi, hrskave rižine pahuljice, komadiće karamele i nasjeckane orašaste plodove.
c) U malom loncu zagrijte med i maslac od kikirikija na srednjoj vatri dok se ne otope i dobro sjedine.
d) Maknite s vatre i umiješajte ekstrakt vanilije.
e) Prelijte smjesu meda i maslaca od kikirikija preko suhih sastojaka i miješajte dok se ne ujednači.
f) Smjesu čvrsto utisnite u pripremljenu posudu za pečenje.
g) Pecite 15-20 minuta, ili dok ne porumene.
h) Pustite da se potpuno ohladi prije rezanja na ploške. Uživajte u ovim hrskavim i zadovoljavajućim Toffee pločicama za doručak dok ste u pokretu!

23.Toblerone toffee pločice

SASTOJCI:
- 1 šalica maslaca
- 1 šalica smeđeg šećera
- 1 jaje
- 1 žlica vanilije
- 2 šalice brašna
- ½ žličice soli
- 6 Toblerone pločica
- orasi

UPUTE:
a) Krem maslac; dodati šećer; krema dok ne postane svijetla i pahuljasta.
b) Dodajte jaje i vaniliju, brašno i sol. Dobro promiješajte. Raširite u podmazan i pobrašnjen pleh veličine 10 x 15 inča.
c) Pecite na 350 stupnjeva 10 minuta.
d) Izvadite iz pećnice i stavite toblerone pločice na vrh.
e) Vratiti u pećnicu, kad se štanglice otope, rasporediti.
f) Pospite orašastim plodovima i narežite na štanglice.

24. Kokice od badema

SASTOJCI:
- 1 šalica šećera
- ½ šalice maslaca
- ½ šalice bijelog kukuruznog sirupa
- ¼ šalice vode
- 1 šalica badema; sjeckani & prepečeni
- ½ žličice vanilije
- ½ šalice pečenih kokica

UPUTE:
a) U teškoj tavi pomiješajte šećer, maslac, kukuruzni sirup, vodu i bademe.
b) Kuhajte na umjerenoj vatri na 280°C na termometru za slatkiše.
c) Dodajte vaniliju. Dobro promiješajte i prelijte preko propupanog kukuruza.

25.Hershey's toffee pločice

SASTOJCI:
- 1 šalica maslaca
- 1 šalica smeđeg šećera
- 1 jaje
- 1 žlica vanilije
- 2 šalice brašna
- ½ žličice soli
- 6 Hershey's pločica
- orasi

UPUTE:

a) Krem maslac; dodati šećer; krema dok ne postane svijetla i pahuljasta.

b) Dodajte jaje i vaniliju, brašno i sol. Dobro promiješajte. Raširite u podmazan i pobrašnjen pleh veličine 10 x 15 inča.

c) Pecite na 350 stupnjeva 10 minuta.

d) Izvadite iz pećnice i stavite Hershey's pločice na vrh.

e) Stavite u pećnicu, kad se štanglice otope, rasporedite.

f) Pospite orasima. Narežite na štanglice.

26.Banoffee kolačići s espresso kapljicom

SASTOJCI:
KOLAČIĆI:
- 1 šalica valjane zobi
- ¾ šalice bademovog brašna
- 1 žličica mljevenog espresso praha
- ½ žličice mljevenog cimeta
- ½ žličice sode bikarbone
- ¼ žličice košer soli
- 1 veliko jaje
- ¼ šalice ekstra djevičanskog maslinovog ulja
- 2 žlice turbinado šećera
- 2 banane (1 zgnječena, 1 narezana na kriške)

ESPRESSO glazura od maslaca od badema:
- 2 žlice glatkog maslaca od badema
- 2 žlice vrućeg espressa ili jake vruće kave
- 2 žlice turbinado šećera

UPUTE:
KOLAČIĆI:
a) Zagrijte pećnicu na 350°F. Obložite veliki pleh papirom za pečenje.
b) U velikoj zdjeli za miješanje pomiješajte zobene zobi, bademovo brašno, espresso prah, cimet, sodu bikarbonu i sol.
c) U manjoj zdjeli za miješanje lagano umutiti jaje. U jaje dodajte ulje, šećer, 1 zgnječenu bananu, maslac od badema i ekstrakt vanilije, miješajte dok se dobro ne sjedini.
d) Ulijte tekuće sastojke u suhe i miksajte dok se ne sjedine. Stavite 1 narezanu bananu, orahe (po želji) i grožđice (po želji).
e) Ubacite tijesto u pune žlice na pripremljeni lim za pečenje kako biste napravili osam velikih kolačića. Kolačiće razmaknite 2 inča i prstima ih oblikujte u krugove.
f) Pecite kolačiće 13 do 15 minuta dok ne porumene. Pustite kolačiće da odstoje na limu za pečenje 5 minuta, a zatim ih prebacite na rešetku da se potpuno ohlade.

ESPRESSO glazura od maslaca od badema:
g) U maloj zdjeli za miješanje pomiješajte maslac od badema, vrući espresso ili kavu i šećer, miksajući dok ne dobijete glatku smjesu.
h) Prebacite smjesu u plastičnu vrećicu za sendviče i odrežite mali vrh s jednog od uglova kako biste napravili vrećicu.
i) Prelijte glazurom kolačiće.
j) Kolačići se čuvaju u hermetički zatvorenoj posudi 1 dan ili u hladnjaku do 3 dana.

27.Zalogaji pite Banoffee

SASTOJCI:
KORA:
- 1 šalica mrvica graham krekera (oko 8 punih listova)
- 4 žlice maslaca, otopljenog

PUNJENJE:
- 16 medjool datulja bez koštica
- ½ žličice soli
- 1 žličica ekstrakta vanilije
- ¾ šalice mlijeka (po potrebi možete dodati još do ¼ šalice)

PRELJEV:
- 2 srednje banane, narezane na kriške
- 1 šalica šlaga (što gušće to bolje)
- ½ šalice čokoladnih strugotina (po želji)

UPUTE:
KORA:
a) Zagrijte pećnicu na 350°F.
b) U sjeckalicu dodajte graham krekere i miksajte dok se ne formiraju sitne mrvice i dok se svi komadići ne izmrvljuju. Dodajte rastopljeni maslac i miješajte dok se ne sjedini.
c) Stavite 1 žlicu smjese u svaku posudu za mini muffine. Čvrsto pritisnite dno i stranice dok se ne stvori korica. Pecite 6 do 8 minuta ili dok se ne stegne.

PUNJENJE:
d) Dodajte sve sastojke u multipraktik i miksajte dok smjesa ne postane glatka i dok se ne vide komadići datulja. Dodajte još mlijeka, 1-2 žlice odjednom, ako je smjesa pregusta.
e) Žlicom dodajte 1-2 žlice smjese karamele u svaku šalicu graham krekera. Na karamel stavite krišku banane.

PRELJEV:
f) Nanesite šlag na vrh svake Banoffee šalice. Pospite strugotinama čokolade i okomito dodajte ½ kriške banane u šlag kao ukras.
g) Ako ne poslužujete odmah, pričekajte da dodate zadnju krišku banane dok ne budete spremni za posluživanje kako biste spriječili da porumeni.

28. Choc Banoffee Filo Stack

SASTOJCI:
- 45 g (¼ šalice) lješnjaka, sitno nasjeckanih, plus dodatak za posluživanje
- 2 žličice kokosovog ili smeđeg šećera
- ½ žličice mljevenog cimeta
- 8 listova filo tijesta
- 375 g tub smooth ricotte
- 2 x 150 g kadice fruchea od mahune vanilije
- 2 žličice ekstrakta vanilije
- 1 limun, korica sitno naribana
- 2 žličice kakaa u prahu
- 3 velike banane, tanko narezane
- Kakao grickalice, za posipanje
- Kokosov sirup, za posluživanje

UPUTE:
a) Zagrijte pećnicu na 190C/170C s ventilatorom. Pomiješajte orahe, šećer i cimet u zdjeli. 3 pleha obložiti papirom za pečenje.
b) List filo tijesta stavite na radnu površinu i poprskajte uljem. Pospite s malo mješavine orašastih plodova. Stavite drugi filo list na vrh. Nastavite s nanošenjem ulja, mješavine orašastih plodova i fila dok ne dobijete 4 sloja. Ponovite s preostalom smjesom fila, ulja i orašastih plodova kako biste napravili još jednu hrpu od 4 sloja. Svaki hrp izrežite na 12 kvadrata i stavite na pripremljene tacne. Pecite 10 minuta ili dok ne porumeni. Ostaviti da se ohladi.
c) Pomiješajte ricottu, frûche, vaniliju i limunovu koricu u zdjeli. Podijelite smjesu u 2 posude. Dodajte kakao u 1 zdjelu i promiješajte da se sjedini. Smjese lagano promiješajte. Gornja 4 kvadrata s malo mješavine ricotte, banane, kakao grickalica i dodatnih orašastih plodova. Složite kvadrate s vrhom jedan na drugi. Ponovite s preostalim sastojcima da napravite ukupno 6 hrpi.
d) Prelijte kokosovim sirupom. Poslužite odmah.

29.Banoffee tartlete

SASTOJCI:
TIJESTO ZA TARTLETE:
- 56 g (¼ šalice) neslanog maslaca, na sobnoj temperaturi
- 50 g (¼ šalice) granuliranog šećera
- 1 veliki žumanjak, sobne temperature
- 94 g (¾ šalice) višenamjenskog brašna
- ¼ žličice soli

KARAMEL UMAK:
- 1 šalica (200 g) granuliranog šećera
- ½ šalice (113 g) neslanog maslaca, narezanog na kockice
- ½ žličice soli
- 1½ žličice čistog ekstrakta vanilije
- 1 šalica (240 ml) gustog vrhnja, na sobnoj temperaturi

SKUPŠTINA:
- 1 banana, izrezana na kriške
- 1 šalica šlaga
- Malo čokoladnih kovrča ili strugotina

UPUTE:
TIJESTO ZA TARTLETE:
a) U velikoj zdjeli istucite neslani maslac i granulirani šećer dok ne postanu kremasti.
b) Dodajte žumanjak i tucite dok se ne sjedini.
c) U posebnoj zdjeli pomiješajte višenamjensko brašno i sol.
d) Dodajte suhe sastojke mokrim sastojcima i miksajte dok ne postanu mrvičasti.
e) Mijesite tijesto dok ne bude glatko, a zatim ga ohladite u hladnjaku najmanje 30 minuta ili preko noći.
f) Zagrijte pećnicu na 350ºF (177ºC) i namastite tri kalupa za tartlete.
g) Razvaljajte tijesto i obložite kalupe za tartlete.
h) Slijepo pecite tartlete dok ne porumene.
i) Pustite da se školjke potpuno ohlade prije nego što ih izvadite iz kalupa.

KARAMEL UMAK:
j) U loncu s debelim dnom otopite šećer na srednje niskoj temperaturi.

k) Neprekidno miješajte dok se sav šećer ne rastopi.
l) Dodajte dvije po dvije kockice maslaca i snažno promiješajte.
m) Dodajte sol i vaniliju, temeljito promiješajte.
n) Postupno dodajte vrhnje, snažno miješajući.
o) Premjestite karamel u staklenu posudu i ostavite da se potpuno ohladi.

SKUPŠTINA:
p) Na dno tartleta dodajte žlicu karamel umaka.
q) Na vrh stavite kriške banane.
r) Dodati šlag i strugotine čokolade.
s) Ohladite prije posluživanja.

30.Banoffee kolačići

SASTOJCI:
ZA KOLAČICE:
- 1 ½ šalice višenamjenskog brašna
- 1 ½ žličice praška za pecivo
- ½ žličice sode bikarbone
- ¼ žličice soli
- ½ šalice neslanog maslaca, omekšalog
- ½ šalice granuliranog šećera
- 2 zrele banane, zgnječene
- 2 velika jaja
- 1 žličica ekstrakta vanilije
- ½ šalice punomasnog mlijeka

ZA TOFFEE UMAK:
- ½ šalice neslanog maslaca
- 1 šalica smeđeg šećera
- ½ šalice gustog vrhnja
- ¼ žličice soli
- 1 žličica ekstrakta vanilije

ZA PRELJEV:
- 2 zrele banane, narezane na ploške
- Šlag
- Strugotine čokolade

UPUTE:
ZA KOLAČICE:
a) Zagrijte pećnicu na 350°F (175°C) i obložite kalup za muffine kalupima za kolače.
b) U zdjeli pomiješajte brašno, prašak za pecivo, sodu bikarbonu i sol. Staviti na stranu.
c) U drugoj posudi umutite omekšali maslac i granulirani šećer dok ne postanu svijetli i pjenasti.
d) U smjesu maslaca i šećera dodajte zgnječene banane, jaja i ekstrakt vanilije. Miješajte dok se dobro ne sjedini.
e) Postupno dodajte suhe sastojke u smjesu banana, naizmjenično s mlijekom. Počnite i završite sa suhim sastojcima. Miješajte dok se ne sjedini.

f) Tijesto za kolače ravnomjerno rasporedite po podlozi za kolače.
g) Pecite u prethodno zagrijanoj pećnici oko 18-20 minuta ili dok čačkalica zabodena u cupcake ne izađe čista.
h) Ostavite kolačiće da se ohlade u kalupu nekoliko minuta prije nego što ih prebacite na rešetku da se potpuno ohlade.

ZA TOFFEE UMAK:
i) U loncu otopite maslac na srednje jakoj vatri.
j) Umiješajte smeđi šećer i kuhajte neprestano miješajući dok se šećer ne otopi.
k) Ulijte čvrsto vrhnje i dobro promiješajte.
l) Pustite da smjesa lagano prokuha, a zatim je maknite s vatre.
m) Umiješajte sol i ekstrakt vanilije. Neka se toffee umak ohladi.
n) Skupština:
o) Nakon što se cupcakesi i toffee umak ohlade, žlicom obilno prelijte toffee umak na vrh svakog kolačića.
p) Položite kriške banane na toffee umak.
q) Završite s malo tučenog vrhnja i pospite komadićima čokolade.

31.Smrznute Banoffee poslastice

SASTOJCI:
- 1 velika banana
- ¼ šalice komadića čokolade
- 1 šalica karamel čipsa
- 1 žličica organskog kokosovog ulja

UPUTE:
a) Bananu ogulite i prepolovite.
b) Umetnite štapiće lizalice tako da idu ¾ visine.
c) Zamrznite na limu za kolačiće prekrivenim voštanim papirom dok ne postane čvrst.
d) Pripremite mali tanjur s ¼ šalice komadića karamele prelivene čokoladom raširenih i spremnih za upotrebu.
e) Postavite parni kotao s vodom na laganoj vatri. Preko toga stavite metalnu zdjelu za miješanje i polako otopite 1 šalicu čipsa od karamele. Kad se počnu topiti, dodajte 1 žličicu kokosovog ulja i miješajte dok ne postane glatka. Maknite s vatre.
f) Žlicom nanesite smjesu karamele na smrznutu bananu (radite s ¼-½ banane jer se brzo stegne) i umočite u komadiće karamele. Ponavljajte dok se banana ne obloži.
g) Ponovno stavite na lim za kolačiće obložen voštanim papirom i zamrznite na 10 minuta. Ako se posluže odmah, spremni su za rad. Ako poslužite kasnije, zamotajte svaki u plastičnu foliju i stavite u vrećicu za zamrzavanje.

32.Banoffee umak s Graham krekerima

SASTOJCI:
- 1 šalica zrelih banana, zgnječenih
- 1 šalica krem sira, omekšalog
- ½ šalice komadića karamele
- ¼ šalice nasjeckanih oraha
- Graham krekeri za umakanje

UPUTE:
a) U zdjeli pomiješajte zgnječene banane i omekšali krem sir dok smjesa ne postane glatka.
b) Ubacite komadiće karamele i nasjeckane orahe.
c) Poslužite Banoffee umak s graham krekerima za ukusan slatki zalogaj.

33. Banoffee Energy Bites

SASTOJCI:
- 1 šalica valjane zobi
- ½ šalice zrele banane, zgnječene
- ¼ šalice maslaca od badema
- ¼ šalice komadića karamele
- 1 žlica meda
- Naribani kokos za motanje (po želji)

UPUTE:
a) U zdjeli pomiješajte zobene zobi, zgnječenu bananu, maslac od badema, komadiće karamele i med.
b) Smjesu razvaljajte u kuglice veličine zalogaja. Po želji svaku kuglicu uvaljati u naribani kokos.
c) Stavite u hladnjak na najmanje 30 minuta prije posluživanja.

34.Banoffee mješavina kokica

SASTOJCI:
- 6 šalica pečenih kokica
- ½ šalice komadića karamele
- ½ šalice sušenog čipsa od banane
- ¼ šalice otopljene čokolade (mliječne ili crne)
- ¼ šalice nasjeckanog kikirikija

UPUTE:
a) U velikoj zdjeli pomiješajte kokice, komadiće karamele, sušeni čips od banane i nasjeckani kikiriki.
b) Preko smjese prelijte otopljenu čokoladu i miješajte dok se sve ne ujednači.
c) Smjesu rasporedite po limu za pečenje da se čokolada stisne. Razbijte u klastere i uživajte!

35.Banoffee Bruschetta zalogaji

SASTOJCI:
- Kriške bageta, prepečene
- Mascarpone sir
- Zrela banana, tanko narezana
- Toffee umak za prelijevanje
- Listići svježe mente za ukrašavanje

UPUTE:

a) Svaku prepečenu krišku bageta premažite slojem mascarponea.

b) Odozgo stavite banane narezane na tanke ploške.

c) Prelijte toffee umakom i ukrasite listićima svježe mente. Poslužite kao slatke Banoffee bruschette zalogaje.

36.Banoffee granola pločice

SASTOJCI:
- 2 šalice valjane zobi
- 1 šalica zgnječenih zrelih banana
- ½ šalice maslaca od badema
- ¼ šalice meda
- ¼ šalice komadića karamele
- ¼ šalice nasjeckanih sušenih banana

UPUTE:
a) U zdjeli pomiješajte zobene zobi, zgnječene banane, maslac od badema, med, komadiće karamele i nasjeckane sušene banane.
b) Smjesu utisnite u obloženu posudu za pečenje i stavite u hladnjak da se stegne.
c) Narežite na ploške i uživajte u ovim poslasticama granole s okusom Banoffee.

37.Banoffee S'mores zalogaji

SASTOJCI:
- Graham krekeri, razlomljeni na kvadrate
- Kriške zrele banane
- Marshmallows, prepečeni
- Kvadratići mliječne čokolade
- Toffee umak za prelijevanje

UPUTE:
a) Stavite krišku banane na kvadrat graham krekera.
b) Prepecite marshmallow i stavite ga na vrh banane.
c) Dodajte kvadratić mliječne čokolade i pokapajte toffee umakom.
Na vrh stavite još jedan četvrtasti kreker.

38. Banoffee Cheesecake pločice

SASTOJCI:

ZA KORE:
- 1 ½ šalice mljevenog digestivnog keksa
- ½ šalice neslanog maslaca, otopljenog

ZA NADJEV ZA CHEESECAKE:
- 16 unci krem sira, omekšalog
- ½ šalice granuliranog šećera
- 2 zrele banane, zgnječene
- 2 velika jaja
- ¼ šalice višenamjenskog brašna
- ¼ šalice gustog vrhnja
- 1 žličica ekstrakta vanilije

ZA PRELJEV:
- Toffee umak
- Narezane banane

UPUTE:

a) Zagrijte pećnicu na 325°F (163°C). Namastite i obložite posudu za pečenje papirom za pečenje.

b) U zdjeli pomiješajte mljeveni digestiv keks i otopljeni maslac. Utisnite u dno pripremljene posude da se oblikuje korica.

c) U drugoj posudi izmiksajte krem sir i šećer dok ne postane glatko. Dodajte zgnječene banane, jaja, brašno, vrhnje i ekstrakt vanilije. Miješajte dok se dobro ne sjedini.

d) Smjesu za cheesecake prelijte preko kore.

e) Pecite oko 40-45 minuta ili dok se sredina ne stegne.

f) Ostavite da se ohladi, a zatim stavite u hladnjak na nekoliko sati.

g) Prelijte toffee umakom i na vrh stavite narezane banane prije posluživanja.

39.CandiQuik kaubojski lavež

SASTOJCI:
- 1 pakiranje CandiQuik (prevlaka za bombone s okusom vanilije)
- 1 šalica mini pereca
- 1 šalica slanih krekera, izlomljenih na komade
- ½ šalice komadića karamele
- ½ šalice prženog i posoljenog kikirikija
- ¼ šalice malih komadića čokolade
- ¼ šalice komadića mliječne čokolade
- Morska sol za posipanje (po želji)

UPUTE:
a) Lim za pečenje obložite papirom za pečenje.
b) CandiQuik razlomite na komade i stavite u zdjelu otpornu na toplinu. Rastopite CandiQuik prema uputama na pakiranju. To obično uključuje stavljanje u mikrovalnu u intervalima od 30 sekundi dok se potpuno ne otopi.
c) U velikoj zdjeli za miješanje pomiješajte male perece, slane krekere, komadiće karamele, prženi kikiriki, komadiće male čokolade i komadiće mliječne čokolade.
d) Prelijte otopljeni CandiQuik preko suhih sastojaka i miješajte dok se sve dobro ne prekrije.
e) Smjesu ravnomjerno rasporedite po pripremljenom limu za pečenje.
f) Po želji: po vrhu pospite malo morske soli za kontrast slatkog i slanog okusa.
g) Pustite da se Cowboy Bark potpuno ohladi i stvrdne. Ovaj proces možete ubrzati stavljanjem u hladnjak.
h) Kad se potpuno stegne, razlomite kaubojsku koru na komade veličine zalogaja.
i) Čuvajte Cowboy Bark u hermetički zatvorenoj posudi na sobnoj temperaturi.

40. Čokoladni karamel

SASTOJCI:
- 1 šalica datulja bez koštica
- 1 šalica kokosovog ulja
- 1/2 šalice vode
- 1/2 šalice kakaa u prahu
- 1 žličica vanilije u prahu
- 1 prstohvat soli

UPUTE:
a) Datulje prelijte vodom i ostavite da omekšaju – koristite toplu vodu da ubrzate ovaj proces.
b) Stavite sve zajedno u procesor hrane i obradite S-Blade dok ne postane glatko i izmiješano. To traje do 20 minuta i vrijedi vremena.
c) Ulijte u plitku zdjelu i ostavite da se stegne u hladnjaku.
d) Rezati na kvadrate nakon cca 3-4 sata.
e) Čuvajte ih u hermetički zatvorenoj posudi u hladnjaku.

41. Toffee pločice s cimetom

SASTOJCI:
- 1 šalica neslanog maslaca, omekšalog
- 1 šalica pakiranog smeđeg šećera
- 1 jaje
- 1 žličica vanilije
- 2 žlice mljevenog cimeta
- ½ žličice soli
- 2 šalice višenamjenskog brašna
- 1 bjelanjak, tučen
- 6 žlica maslaca, hladnog
- ¾ šalice višenamjenskog brašna
- ¾ šalice šećera
- Šećer u boji za ukrašavanje

UPUTE:

a) Zagrijte pećnicu na 375 stupnjeva. Podmažite posudu za pečenje želea veličine 15 x 10 inča. U zdjeli za miješanje umutite maslac, šećer, jaje i vaniliju. Umiješajte cimet i sol.

b) Dodajte brašno, malo po malo. Dobro izblendajte. Pritisnite voštanim papirom u tavu na debljinu od ¼ inča.

c) Premažite tijesto razmućenim bjelanjkom. Pomiješajte streusel sastojke u procesoru hrane. Procesirajte dok se maslac ne ujednači. Pospite streusel preko tijesta. Pecite 20 minuta. Ohladite na rešetki 15 minuta. Izrežite na ploške od 2 x 1½ ~inča dok je još toplo.

42. English Pub Toffee

SASTOJCI:
- 1 ½ šalice maslaca, narezanog na kockice
- 2 šalice granuliranog šećera
- ¼ žličice soli
- 2 žlice piva
- 2 šalice komadića tamne čokolade
- 2 šalice prezli, malo zgnječenih

UPUTE:
a) Lim za pečenje obložite papirom za pečenje ili Silpatom.
b) Dodajte maslac šećer, sol i pivo u lonac na jakoj vatri. Neprekidno miješajte dok se maslac ne otopi.
c) Zakačite termometar za kuhanje na rub, kuhajte dok šećer ne dosegne 300F, povremeno miješajući.
d) Izlijte na pripremljenu posudu. Ostavite da se ohladi oko 2 minute, pospite komadićima čokolade.
e) Nakon što topla karamela otopi komadiće čokolade, ravnomjerno rasporedite čokoladu pomoću lopatice. Pospite slaninom i prezlama.
f) Ohladite na sobnoj temperaturi, zatim stavite u hladnjak i ohladite 2 sata.
g) Prije posluživanja izlomite na komade.

43. Kandirana slanina toffee kvadratići

SASTOJCI:
- 8 kriški slanine
- ¼ šalice svijetlo smeđeg šećera, čvrsto pakiran
- 8 žlica maslaca, omekšalog
- 2 žlice neslanog maslaca, omekšalog
- ⅓ šalice tamno smeđeg šećera, čvrsto pakiran
- ⅓ šalice slastičarskog šećera
- 1½ šalice griz brašna
- ½ žličice soli
- ½ šalice komadića karamele
- 1 šalica komadića tamne čokolade
- ⅓ šalice nasjeckanih badema

UPUTE:
a) Zagrijte pećnicu na 350°F (180°C). U srednju zdjelu pomiješajte slaninu i svijetlo smeđi šećer i posložite u jednom sloju na lim za pečenje.

b) Pecite 20 do 25 minuta ili dok slanina ne postane zlatna i hrskava. Izvadite iz pećnice i ostavite da se ohladi 15 do 20 minuta. Nasjeckajte na sitne komadiće.

c) Smanjite temperaturu pećnice na 340°F (171°C). Obložite posudu za pečenje veličine 9×13 inča (23×33 cm) aluminijskom folijom, poprskajte neljepljivim sprejom za kuhanje i ostavite sa strane.

d) U velikoj zdjeli pomiješajte maslac, neslani maslac, tamno smeđi šećer i slastičarski šećer električnom miješalicom na srednjoj brzini dok smjesa ne postane svijetla i pjenasta. Postupno dodajte griz brašno i sol, miješajući dok se ne sjedine. Umiješajte ¼ šalice komadića karamele dok se ravnomjerno ne raspodijele.

e) Utisnite tijesto u pripremljenu posudu i pecite 25 minuta ili dok ne porumeni. Izvadite iz pećnice, pospite komadićima tamne čokolade i ostavite 3 minute ili dok komadići ne omekšaju.

f) Ravnomjerno rasporedite omekšalu čokoladu po vrhu i pospite bademima, kandiranom slaninom i preostalih ¼ šalice komadića karamele. Ostavite da se ohladi 2 sata ili dok se čokolada ne stegne. Izrežite na 16 kvadrata od 2 inča (5 cm).

g) Čuvanje: Čuvati u hermetički zatvorenoj posudi u hladnjaku do 1 tjedan.

44.Toffee Pretzel Štapići

SASTOJCI:
- 12 štapića za perece
- 1 šalica čipsa od mliječne čokolade
- 1/2 šalice komadića karamele
- Razni posipi ili nasjeckani orasi (po želji)

UPUTE:
a) Lim za pečenje obložite papirom za pečenje.
b) U zdjeli prikladnoj za mikrovalnu pećnicu otopite komadiće mliječne čokolade u intervalima od 30 sekundi, miješajući između, dok smjesa ne postane glatka.
c) Umočite svaki štapić pereca u otopljenu čokoladu, koristeći žlicu da ravnomjerno premažete.
d) Pustite da sav višak čokolade iscuri, a zatim stavite obloženi štapić pereca na pripremljeni lim za pečenje.
e) Odmah pospite komadiće karamele preko čokoladnog premaza, lagano pritiskajući da se zalijepe.
f) Po želji pospite raznim posipima ili nasjeckanim orašastim plodovima za dodatnu teksturu i okus.
g) Lim za pečenje stavite u hladnjak na 15-tak minuta da se čokolada stisne.
h) Nakon što se stegne, pohranite štapiće pereca u hermetički zatvorenoj posudi na sobnoj temperaturi. Uživajte u ovim slatkim i slanim poslasticama kao ukusnom međuobroku!

DESERT

45. Ljepljivi puding od karamele s umakom od ruma i karamele

SASTOJCI:
TORTA:
- 170 g maslaca
- 280 g demerara šećera
- 4 jaja
- 2 žličice ekstrakta vanilije
- 1 ½ žlica melase
- 350 g samodizajućeg brašna
- 2 žličice sode bikarbone
- 100 ml mlijeka

KARAMEL UMAK:
- 75 g maslaca
- 1 žlica melase
- 300 g demerara šećera
- 300 ml duple kreme
- 2 žlice ruma

UPUTE:
PRIPREMA TORTE:
a) Zagrijte pećnicu na 180°C (350°F). Namastiti posudu za pečenje. Podmazanu podlogu malo posuti brašnom. Premjestite brašno po posudi, pokrivajući sva područja.
b) U zdjeli za miješanje pomiješajte maslac i demerara šećer dok ne dobijete mrvičastu smjesu.
c) U drugoj zdjeli umutite jaja i dodajte 2 žličice ekstrakta vanilije.
d) Polako dodajte smjesu jaja u smjesu maslaca i šećera, dobro miješajući.
e) Umiješajte 1½ žlice melase dok se potpuno ne uklopi u tijesto.
f) U plitkoj zdjeli ili tanjuru pomiješajte samodizajuće brašno i sodu bikarbonu. Postupno dodajte smjesu od brašna u tijesto i umiješajte.
g) Polako dodajte mlijeko i miješajte dok ne dobijete glatku smjesu. Napomena: NEMOJTE presavijati.
h) Ulijte tijesto u pripremljenu posudu za pečenje, ravnomjerno ga rasporedite.
i) Pecite u prethodno zagrijanoj pećnici 35-65 minuta ili dok kolač ne porumeni i dok čačkalica zabodena u sredinu ne izađe čista.

IZRADA KARAMEL UMAKA:
j) U loncu otopite maslac na srednje jakoj vatri.
k) Umiješajte melasu i demerara šećer.
l) Kuhajte uz stalno miješanje dok se šećer ne otopi i smjesa postane glatka.
m) Postupno ulijevati duplo vrhnje uz neprestano miješanje.
n) Pustite da se smjesa kuha 5-7 minuta uz povremeno miješanje dok se malo ne zgusne.
o) Maknite lonac s vatre i umiješajte rum.

SERVIRATI:
p) Ostavite kolač da se hladi 30 minuta.
q) Poslužite s obilnim pokapanjem rum karamel umaka.
r) Po želji poslužite s jagodama na vrhu.

46. Vlažna ljepljiva torta od banana naopako okrenuta torta

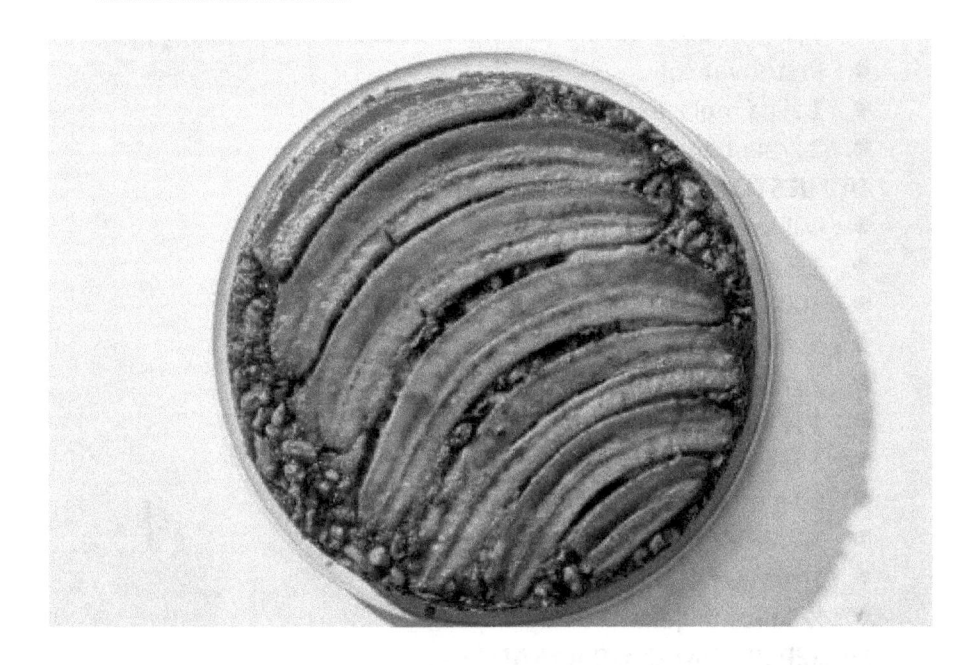

SASTOJCI:
ZA PRELJEV:
- 90 g maslaca
- 180 g smeđeg šećera (Demerara šećer)
- Prstohvat soli
- 1 žlica melase
- 2 zrele banane, narezane na ploške

ZA TIJESTO ZA TORTU:
- 405 g glatkog brašna
- 1 ½ čajna žličica sode bikarbone
- 300 g smeđeg šećera
- ½ žličice soli
- 2 zrele banane, zgnječene
- 1 ½ jaja (lagano umućena)
- 1 žličica esencije vanilije
- 90 g mlaćenice
- ⅓ šalice otopljenog maslaca
- 1 žumanjak
- ⅓ šalice mlijeka

ZA LJEPLJIV UMAK OD KARAMELA:
- 35 g maslaca
- 150 g smeđeg šećera
- 150 ml gustog vrhnja
- 1 žlica umaka od melase

UPUTE:
a) Zagrijte pećnicu na 165°C.
b) Pravilno namastite okrugli kalup za tortu od 9 inča. Staviti na stranu.
PRIPREMITE PRELJEV:
c) U loncu otopite maslac na srednje jakoj vatri.
d) Umiješajte smeđi šećer dok se šećer ne otopi i smjesa postane glatka.
e) Dodajte sol, melasu i miješajte dok se umak ne zgusne.
f) Ulijte smjesu karamele u pripremljeni kalup za torte, ravnomjerno je rasporedite.

g) Preko karamele posložiti narezane banane. Staviti na stranu.
PRIPREMITE TIJESTO ZA TORTU:
h) U veliku zdjelu za miješanje prosijte brašno i sodu bikarbonu.
i) Umiješajte smeđi šećer i sol. Staviti na stranu.
j) U drugoj zdjeli ili vrču zgnječite zrele banane.
k) Razbijte jaja u manju zdjelu i dodajte ekstrakt vanilije. Dobro umutiti.
l) U zgnječene banane dodajte smjesu umućenih jaja, mlaćenicu, otopljeni maslac i žumanjak. Umutite dok se dobro ne sjedini.
m) Dodajte mokre sastojke suhim sastojcima. Lagano umiješajte smjesu dok ne postane glatka.
n) Postupno ulijevajte ⅓ šalice mlijeka u smjesu dok ne postane glatko tijesto.
o) Tijesto prelijte preko karameliziranog preljeva od banana u kalupu za torte, ravnomjerno ga rasporedite špatulom.
p) Pecite u prethodno zagrijanoj pećnici 45 minuta, ili dok čačkalica zabodena u sredinu kolača ne izađe čista.
PRIPREMITE LJEPLJIV UMAK OD KARAMELA:
q) U manjem loncu otopite maslac na srednje jakoj vatri.
r) Dodajte smeđi šećer i kuhajte uz stalno miješanje dok se šećer ne otopi i smjesa postane glatka.
s) Polako ulijevajte gusto vrhnje, neprestano miješajući dok se dobro ne sjedini. Umiješajte umak od melase i ostavite da kuha i reducira.
t) Kada je kolač pečen, izvadite ga iz pećnice i ostavite da se hladi u kalupu 10 minuta.
u) Pažljivo preokrenite tortu na tanjur za posluživanje, dopuštajući da karamelizirani preljev od banana postane dno torte.
v) Poslužite Moist Sticky Toffee Upside Down Banana Cake toplu, prelivenu pripremljenim ljepljivim umakom od karamele.
w) Uživajte s kuglicom sladoleda za dodatnu poslasticu!

47. Ljepljivi puding od jabuka sa začinjenim karamelom

SASTOJCI:
ZA ZAČINJENI BISKVIT OD JABUKA:
- 3 šalice (350 g) višenamjenskog brašna
- 1 ½ žličica praška za pecivo
- ½ žličice sode bikarbone
- ½ žličice soli
- 1 žličica cimeta
- ¾ žličice pimenta
- 1 3/8 šalice (280 g) finog Demerara šećera
- ¾ šalice (185 g) maslaca
- 3 jaja
- 2 žličice esencije vanilije
- ½ šalice (118 ml) kiselog vrhnja
- 1 ½ žlice melase
- ½ šalice (118 ml) mlijeka
- 1 jabuka, oguljena, očišćena od jezgre i narezana na komadiće

ZA TOFFEE UMAK:
- 50 g maslaca
- 200 g demerara šećera
- 250 ml duple kreme
- 1 jabuka, narezana na kockice za ukras
- Zdrobljeni orah orasi

UPUTE:
PRIPREMA BISKVITA ZAČINJENOG OD JABUKA:
a) Zagrijte pećnicu na 180°C. Namažite Bundt tepsiju maslacem. Posudu pospite brašnom, a zatim je lagano udarite kako biste ravnomjerno rasporedili brašno po posudi. Staviti na stranu.
b) U zdjeli pomiješajte višenamjensko brašno, prašak za pecivo, sodu bikarbonu, sol, cimet i piment. Staviti na stranu.
c) U velikoj zdjeli za miješanje tucite Demerara šećer i maslac dok ne postanu svijetli i pjenasti.
d) Razbijte jaja u manju zdjelu i dodajte esenciju vanilije. Dobro umutiti.
e) Umiješajte kiselo vrhnje i melasu dok se dobro ne sjedine.

f) Postupno umiješajte smjesu jaja u smjesu šećera i maslaca. Napomena: smjesa se može zgrušati, ali to je u redu; dodatak brašna pomoći će da se to ispravi.
g) Umiješajte smjesu brašna, postupno dodavajući mlijeko. Miješajte dok smjesa ne postane glatka.
h) Umiješajte nasjeckanu jabuku dok se ravnomjerno ne rasporedi po tijestu.
i) Ulijte tijesto u pripremljeni lim i ravnomjerno ga rasporedite.
j) Pecite u prethodno zagrijanoj pećnici 40-45 minuta ili dok čačkalica zabodena u sredinu ne izađe čista.

PRIPREMA TOFFEE UMAKA:
k) U loncu na laganoj vatri otopite maslac. Dodajte 200g Demerara šećera i kuhajte uz stalno miješanje dok se šećer ne otopi i smjesa postane glatka. Isključite toplinu.
l) Uz stalno miješanje polako ulijevati duplo vrhnje.

SKUPŠTINA:
m) Kada je kolač pečen, izvadite ga iz pećnice i ostavite da se ohladi nekoliko minuta.
n) Topli toffee umak prelijte po vrhu torte, dopustite da ravnomjerno prekrije površinu.
o) Ostacima umaka dodajte kockice jabuka. Promiješajte i ostavite da se kuha 3-4 minute dok malo ne omekša.
p) Pospite zdrobljenim pekan orahima oko kolača, a zatim po vrhu stavite mekane toffee jabuke.
q) Poslužite Božićni puding od jabuka Sticky Toffee začinjen topao, s dodatnim umakom od karamela sa strane.

48. Sladoled od karamele i karamele

SASTOJCI:
- 1 ½ šalice punomasnog mlijeka
- 1 ½ žlice kukuruznog škroba
- ½ šalice vina Sweet Marsala
- 1 ¼ šalice gustog vrhnja
- 2 žlice svijetlog kukuruznog sirupa
- 4 žlice mascarpone sira, omekšalog
- ¼ žličice soli
- ⅔ šalice granuliranog šećera
- ¾ šalice komadića karamele od mliječne čokolade, poput Heath čipsa ili nasjeckane Heath pločice

UPUTE:
a) Izmjerite mlijeko. Uzmite 2 žlice mlijeka i pomiješajte ga s kukuruznim škrobom kako biste stvorili kašu, stalno miješajući. Staviti na stranu. U mlijeko dodajte vino Sweet Marsala.
b) Odmjerite vrhnje i dodajte mu kukuruzni sirup. Dodajte mascarpone u veliku zdjelu i umiješajte sol. Staviti na stranu.
c) Da biste napravili zagorenu karamelu, zagrijte veliki lonac na srednje jakoj vatri i dodajte šećer, pazite da bude u jednom sloju i da prekrije cijelo dno posude. Promatrajte šećer dok se ne počne topiti, a vanjska strana postane karamelna i otopljena.
d) Kada u sredini ostane samo mala količina bijelog šećera, upotrijebite lopaticu otpornu na toplinu i ostružite otopljeni šećer sa strana u sredinu.
e) Nastavite tako dok se sav šećer ne rastopi i dobro promiješajte. Gledajte kako šećer počinje mjehurićati i kada rubovi postanu mjehurići i ispuštaju dim, a šećer postane tamno jantarne boje, maknite ga s vatre. Jedini način da ga uistinu procijenite neposredno prije nego što BURN izgori je da pažljivo stojite iznad i mirišate/gledate. Čim ga maknete s vatre, dodajte nekoliko žlica mješavine vrhnja/kukuruznog sirupa i neprestano miješajte da se sjedini. Polako dodajte preostalo vrhnje, vrlo polako, neprestano miješajući.
f) Ponovno stavite lonac na srednju vatru i dodajte mješavinu mlijeka/Marsala vina. Pustite smjesu da zavrije.

g) Kuhajte 4 minute. Maknite s vatre i umiješajte kašu kukuruznog škroba, miješajući da se sjedini. Vratite na vatru i kuhajte još 1-2 minute, miješajući kuhačom dok se malo ne zgusne. Lagano ulijte smjesu u veliku zdjelu s mascarponeom i umutite da se sjedini.

h) Napunite veliku zdjelu ledom i ledenom vodom, stavite otvorenu vrećicu s patentnim zatvaračem veličine galona u vodu, dnom prema dolje. Pažljivo ulijte smjesu u vrećicu, istisnite zrak i zatvorite. Ohladite 30-45 minuta.

i) Nakon što se ohladi, mućkajte prema uputama.

j) Nakon što se umuti, raširite u posudu prikladnu za zamrzavanje i stavite komad plastične folije na vrh, pritišćući sladoled. Zamrznite 4-6 sati prije posluživanja. Napomena: ovaj sladoled je mekan!

49.Lemon Ice Brûlée s karamelom

SASTOJCI:
- 1 šalica gustog vrhnja
- 1 šalica punomasnog mlijeka
- 4 žumanjka
- ½ šalice granuliranog šećera
- 1 žlica ribane korice limuna
- 1 kap eteričnog ulja limuna
- ½ šalice komadića karamele
- Šećer u prahu, za karameliziranje
- Maline, za posluživanje

UPUTE:
a) U loncu zagrijte vrhnje, punomasno mlijeko i koricu limuna na srednjoj vatri dok ne počne ključati. Maknite s vatre.
b) U posebnoj zdjeli pjenasto izmiješajte žumanjke, šećer i eterično ulje limuna dok se dobro ne sjedine.
c) Vruću smjesu vrhnja polako ulijevajte u smjesu žumanjaka, neprestano miješajući.
d) Smjesu vratite u lonac i kuhajte na laganoj vatri uz stalno miješanje dok se ne zgusne i ne obloži poleđinu žlice. Nemojte dopustiti da prokuha.
e) Maknite s vatre i pustite da se smjesa ohladi na sobnu temperaturu. Zatim ostavite u hladnjaku najmanje 4 sata ili preko noći.
f) Ohlađenu smjesu ulijte u aparat za sladoled i mutite prema uputama proizvođača.
g) Tijekom posljednjih nekoliko minuta mućkanja dodajte komadiće karamele i nastavite s mućkanjem dok se ravnomjerno ne raspodijele.
h) Umućeni sladoled prebacite u posudu i zamrznite najmanje 2 sata da se stegne.
i) Neposredno prije posluživanja svaku porciju pospite tankim slojem šećera u prahu. Kuhinjskim plamenikom karamelizirajte šećer dok ne postane hrskava korica.
j) Pustite nekoliko minuta da se šećer stvrdne, a zatim poslužite i uživajte.

50.Toffee Tartufi

SASTOJCI:
- 1/2 šalice maslaca, omekšalog
- 1/2 šalice komadića karamele za pečenje
- 3/4 šalice pakiranog smeđeg šećera
- 1 funta čokoladnog slastičarskog premaza
- 1 žličica ekstrakta vanilije
- 21/4 šalice višenamjenskog brašna
- 1 (14 unci) limenka zaslađenog kondenziranog mlijeka
- 1/2 šalice minijaturnih poluslatkih komadića čokolade

UPUTE:
a) U veliku zdjelu dodajte smeđi šećer i maslac i električnom miješalicom tucite dok smjesa ne postane glatka.
b) Umiješajte ekstrakt vanilije.
c) Polako dodajte brašno, naizmjenično sa zaslađenim kondenziranim mlijekom, dobro tučeći nakon svakog dodavanja.
d) Lagano ubacite komadiće čokolade i karamele.
e) Malom žličicom za kekse napravite kuglice od 1 inča i rasporedite ih na lim za pečenje obložen voštanim papirom.
f) Hladiti oko 1 sat.
g) U staklenoj zdjeli prikladnoj za mikrovalnu otopite čokoladni premaz u intervalima od 30 sekundi, miješajući nakon svakog topljenja, oko 1-3 minute
h) Kuglice tijesta umočite u čokoladni premaz, a višak uklonite.
i) Posložite na limove za pečenje obložene voštanim papirom i pospite tartufe dodatnim komadićima karamele.
j) Stavite u hladnjak dok se ne stegne, oko 15 minuta. Čuvati u hladnjaku.

51.Miso-Caramel Pear Sticky Toffee kolačići

SASTOJCI:
KOLAČI OD LJEPLJIVE KARAMELE KRUŠKE:
- 1 šalica suhih datulja (oko 6 unci), bez koštica i grubo nasjeckanih
- 1 šalica višenamjenskog brašna, plus dodatak za posipanje
- 1 žličica mljevenog cimeta
- 3/4 žličice praška za pecivo
- 3/4 žličice sode bikarbone
- 1/2 žličice košer soli
- 3/4 šalice upakiranog svijetlo smeđeg šećera
- 1/4 šalice neslanog maslaca, plus još za podmazivanje lima
- 2 velika jaja
- 2 srednje Bartlett ili Anjou kruške, oguljene, bez koštice i narezane na komade od 1/3 inča (oko 2 šalice)

MISO-KARAMEL UMAK:
- 3/4 šalice neslanog maslaca (6 unci)
- 1 šalica pakiranog svijetlo smeđeg šećera
- 1/2 šalice bijelog misoa (organski, ako je moguće)
- 1 šalica gustog vrhnja

ŠLAG:
- 1 šalica gustog vrhnja

UPUTE:
NAPRAVITE LJEPLJIVE KOLAČE OD KRUŠKE:
a) Zagrijte pećnicu na 350°F. Kalup za muffine od 12 šalica namažite omekšalim maslacem i pospite ga brašnom; Staviti na stranu.

b) U malom loncu pomiješajte datulje i 1 šalicu vode. Pustite da zavrije na srednjoj vatri i kuhajte uz povremeno miješanje dok datulje ne omekšaju i dok većina tekućine ne upije, oko 5 minuta. Maknite s vatre i ostavite da se ohladi 5 minuta. Zgnječite smjesu gnječilicom za krumpir ili vilicom dok ne postane uglavnom glatka; ostaviti ga sa strane.

c) U posebnoj zdjeli pomiješajte brašno, cimet, prašak za pecivo, sodu bikarbonu i sol; Staviti na stranu.

d) Stavite smeđi šećer i maslac u zdjelu samostojećeg miksera opremljenog nastavkom s lopaticom. Tucite na srednje jakoj brzini dok

smjesa ne postane svijetla i pahuljasta, što bi trebalo trajati oko 4 do 5 minuta.
e) Dodajte jaja, jedno po jedno, dobro tučeći nakon svakog dodavanja. Dok mikser radi na niskoj brzini, postupno dodajte smjesu brašna, miješajući dok se ne sjedini, otprilike 1 do 2 minute. Zaustavite se i ostružite stijenke zdjele prema potrebi.
f) Umiješajte smjesu od datulja i složite komadiće kruške.
g) Žlicom ravnomjerno rasporedite tijesto u pripremljeni kalup za muffine, puneći svaku šalicu oko 1/3 inča od vrha (otprilike 1/3 šalice svaku). Preostalo tijesto možete baciti ili ga sačuvati za drugu upotrebu.
h) Pecite u prethodno zagrijanoj pećnici dok drveni šiljak zaboden u sredinu kolačića ne izađe čist, što bi trebalo trajati oko 18 do 22 minute.

NAPRAVITE MISO-KARAMEL UMAK:
i) Otopite maslac u srednje jakoj tavi na srednje niskoj vatri. Dodajte smeđi šećer i miso, miješajući dok se ne otope, obično za 1 do 2 minute.
j) Umutite čvrsto vrhnje i pustite da smjesa prokuha. Kuhajte ga uz stalno miješanje oko 1 minutu. Maknite s vatre i ostavite sa strane za kasniju upotrebu.

NAKON ŠTO SE KOLAČI PEČE:
k) Izvadite ih iz pećnice i odmah drvenom šiljkom izbušite rupice po kolačima.
l) Žlicom prelijte otprilike 1 žlicu miso-karamel umaka po svakom kolaču.
m) Pustite kolače da se ohlade u kalupu za muffine 20 minuta, povremeno probušite dodatne rupe kako bi se umak bolje upio.

NAPRAVITE ŠLAG:
n) Tucite čvrsto vrhnje u zdjeli samostojećeg miksera opremljenog nastavkom za mućenje na srednjoj do visokoj brzini dok se ne formiraju mekani vrhovi, obično za 1 do 2 minute.

SERVIRATI:
o) Pomoću male lopatice odvojite svaki kolač od kalupa za muffine.
p) Preokrenite kolače na pojedinačne tanjure za posluživanje i svaki prelijte otprilike 1 1/2 žlicom miso-karamel umaka.
q) Poslužite sa šlagom i preostalim miso-karamel umakom. Uživati!

52.Čokoladni Mocha Toffee Chip kolačići

SASTOJCI:
- 6 unci neslanog maslaca, malo omekšalog
- 5 ¼ unce granuliranog šećera
- 6 unci svijetlosmeđeg šećera
- 2 velika jaja
- 1 žličica ekstrakta vanilije
- 11 ¼ unci nebijeljenog višenamjenskog brašna
- 1 žličica sode bikarbone
- 1 žličica soli
- ⅛ žličice espresso praha
- ¼ žličice mljevenog cimeta
- 7 unci komadića gorko-slatke čokolade
- 7 unci mocha čipsa
- 3 unce komadića karamele

UPUTE:
a) Zagrijte pećnicu na 350 stupnjeva F (175 stupnjeva C).
b) U zdjeli samostojećeg miksera, pomoću nastavka s lopaticom, miješajte malo omekšali maslac, granulirani šećer i svijetlo smeđi šećer na srednjoj brzini oko dvije minute dok smjesa ne postane kremasta i dobro sjedinjena.
c) Dodajte jaja, jedno po jedno, i svaki put tucite dok se potpuno ne sjedine.
d) Umiješajte ekstrakt vanilije i tucite dok se smjesa dobro ne sjedini.
e) U zasebnoj zdjeli srednje veličine pomiješajte nebijeljeno višenamjensko brašno, sodu bikarbonu, sol, espresso prah i mljeveni cimet.
f) Postupno dodajte suhe sastojke u smjesu maslaca i šećera. Prvo miješajte lopaticom, a zatim priješite na nastavak s lopaticom, miješajući dok se suhi sastojci ne uklope u tijesto.
g) Nježno umiješajte komadiće gorko-slatke čokolade, mocha čips i komadiće karamele dok se ravnomjerno ne rasporede po tijestu.
h) Limove za pečenje obložite papirom za pečenje. Koristeći lopaticu za žlicu ili običnu žlicu, stavite tijesto za kekse u hrpama na lim za pečenje, razmaknuvši ih oko dva inča jedan od drugog.
i) Pecite kolačiće jedan po jedan list u prethodno zagrijanoj pećnici otprilike 12 minuta ili dok rubovi ne postanu lagano zlatni. Sredine trebaju biti još malo mekane.
j) Izvadite kolačiće iz pećnice i ostavite ih da se ohlade na rešetki.
k) Nakon što se ohlade, ovi čokoladni Mocha Toffee Chip kolačići spremni su za uživanje. Oni su divna mješavina čokolade, Mocha i karamele u svakom zalogaju!

53.Toffee mocha pita

SASTOJCI:
ZA KORE:
- 1 ½ šalice zdrobljenih čokoladnih kolačića (kao što su čokoladni graham krekeri ili čokoladne vafle)
- 6 žlica neslanog maslaca, otopljenog

ZA NADJEV:
- 1 šalica gustog vrhnja
- ½ šalice mlijeka
- ¼ šalice granuliranog šećera
- 2 žlice granula instant kave
- 1 žlica kukuruznog škroba
- ¼ žličice soli
- 4 velika žumanjka
- 1 žličica ekstrakta vanilije
- ½ šalice komadića karamele ili zdrobljenih bombona od karamele

ZA PRELJEV:
- 1 šalica gustog vrhnja
- 2 žlice šećera u prahu
- ½ žličice ekstrakta vanilije
- Čokoladne strugotine ili kakao prah, za ukras (po želji)

UPUTE:
a) Zagrijte pećnicu na 350°F (175°C).
b) U posudi za miješanje pomiješajte izlomljene čokoladne kekse i otopljeni maslac. Miješajte dok se mrvice ravnomjerno ne prekriju.
c) Utisnite smjesu od mrvica na dno i gore na stijenke posude za pitu od 9 inča kako biste oblikovali koru.
d) Koru pecite u zagrijanoj pećnici oko 10 minuta. Izvadite iz pećnice i ostavite da se potpuno ohladi.
e) U loncu pomiješajte vrhnje, mlijeko, granulirani šećer, granule instant kave, kukuruzni škrob i sol. Miješajte dok se granule kave i kukuruzni škrob ne otope.
f) Stavite lonac na srednju vatru i kuhajte uz stalno miješanje dok se smjesa ne zgusne i lagano proključa.

g) U posebnoj posudi umutiti žumanjke. U žumanjke postupno dodajte malu količinu vruće smjese vrhnja uz neprestano miješanje. To će umiriti jaja i spriječiti njihovo miješanje.
h) Polako ulijte temperiranu smjesu jaja natrag u lonac, neprestano miješajući.
i) Nastavite kuhati smjesu na srednjoj vatri uz stalno miješanje dok se ne zgusne do pudingaste konzistencije. Maknite s vatre.
j) Umiješajte ekstrakt vanilije i komadiće karamele dok se ravnomjerno ne rasporede po nadjevu.
k) U ohlađenu koru sipati fil i ravnomerno rasporediti.
l) Pokrijte pitu plastičnom folijom, pazeći da dodiruje površinu nadjeva kako bi se spriječilo stvaranje kožice. Ohladite u hladnjaku najmanje 4 sata ili dok se ne stegne.
m) Prije posluživanja pripremite preljev od šlaga. U zdjeli za miješanje tucite čvrsto vrhnje, šećer u prahu i ekstrakt vanilije dok se ne formiraju mekani vrhovi.
n) Ohlađenu pitu premažite ili izlupajte šlagom.
o) Po želji: ukrasite komadićima čokolade ili posipom kakaa u prahu.
p) Narežite i poslužite toffee mocha pitu i uživajte u njezinim bogatim, kremastim i ugodnim okusima!
q) Ova toffee mocha pita zasigurno će impresionirati svojom kombinacijom kave, toffeea i čokolade. Savršen je desert za svaku priliku ili za zadovoljavanje želje za slatkim.

54.Pot de crème s komadićima ruže i pistacija

SASTOJCI:
- ⅔ šalice (100 g) nasjeckanih pistacija
- ¼ šalice suhih latica ruže (vidi napomenu)
- 345 g šećera
- 2 listića zlatne želatine (vidi napomenu)
- ¾ šalice (185 ml) mlijeka
- 5 žumanjaka
- 1 žlica ružine vodice (vidi napomenu)
- 2 kapi ružičaste prehrambene boje
- 300 ml gustog vrhnja, plus dodatni šlag za posluživanje
- Neprskane svježe latice ruže, za ukrašavanje

UPUTE:
a) Pomiješajte narezane pistacije i osušene latice ruže i ravnomjerno rasporedite po obloženom plehu.
b) Stavite 1 šalicu (220 g) šećera i ¼ šalice (3 žlice) vode u tavu na laganu vatru. Miješajte dok se šećer ne otopi. Pojačajte vatru na srednju. Bez miješanja kuhajte 3-4 minute do svijetlo zlatne boje. Prelijte karamel preko oraha i latica na tepsiji, pa ostavite 15 minuta da se potpuno ohladi. Kada se ohladi, izlomite karamel na komadiće. (Možete to učiniti dan ranije i pohraniti krhotine u hermetički zatvorenu posudu.)
c) Listove želatine potopiti u hladnu vodu 5 minuta da omekšaju. U međuvremenu zagrijte mlijeko malo ispod točke vrenja u tavi na srednjoj vatri.
d) U zdjeli pjenasto izmiješajte žumanjke i preostalih 125 g šećera dok ne poblijede. Postupno umiješajte mlijeko. Zatim smjesu vratite u tavu na laganu vatru, neprestano miješajući dok se ne zgusne toliko da možete premazati poleđinu žlice.
e) Maknite smjesu s vatre, ocijedite višak vode iz listića želatine, pa dodajte želatinu u mliječnu smjesu, miješajući dok se dobro ne sjedini. Smjesu kroz sito izlijte u zdjelu. Umiješajte ružinu vodicu i prehrambenu boju. Pustite smjesu da se ohladi 1 sat.
f) Umutiti čvrsti šlag u čvrsti šlag i lagano ga umiješati u ohlađeno mlijeko, pazeći da ostane što više zraka. Podijelite smjesu u šest ramekina od 150 ml. Ramekins ohladite 4 sata dok se kreme ne stvrdnu. (Možete ih napraviti dan unaprijed.)
g) Poslužite kreme od latica ruže prelivene dodatnim šlagom i komadićima šećera. Ukrasite svježim laticama ruže.

55. Banoffee torta

SASTOJCI:
ZA TORTU OD BANANA:
- 2 šalice višenamjenskog brašna
- 1 ½ žličice praška za pecivo
- ½ žličice sode bikarbone
- ¼ žličice soli
- ½ šalice neslanog maslaca, omekšalog
- 1 šalica granuliranog šećera
- 2 velika jaja
- 1 žličica ekstrakta vanilije
- 3 zrele banane, zgnječene
- ½ šalice mlaćenice

ZA NADJEV KARAMELA:
- 1 (14 unci) konzerva zaslađenog kondenziranog mlijeka
- ½ šalice neslanog maslaca
- ½ šalice svijetlo smeđeg šećera
- ½ žličice ekstrakta vanilije

ZA GLAZU OD KARAMELA:
- 1 ½ šalice neslanog maslaca, omekšalog
- 4 šalice šećera u prahu
- ¼ šalice toffee umaka (može biti kupovni ili domaći)
- 1 žličica ekstrakta vanilije

OPCIONALNI PRELJEV:
- Narezane banane
- Strugotine čokolade
- Karamel umak

UPUTE:
ZA TORTU OD BANANA:
a) Zagrijte pećnicu na 180°C (350°F) i namastite i pobrašnite dva okrugla kalupa za tortu od 9 inča.
b) U srednjoj posudi pomiješajte brašno, prašak za pecivo, sodu bikarbonu i sol. Staviti na stranu.
c) U velikoj zdjeli za miješanje umutite omekšali maslac i granulirani šećer dok ne postane svijetlo i pjenasto.

d) Dodajte jaja, jedno po jedno, dobro tučeći nakon svakog dodavanja. Umiješajte ekstrakt vanilije.
e) Umiješajte zgnječene banane dok se dobro ne sjedine.
f) Postupno dodajte suhe sastojke u smjesu maslaca, naizmjenično s mlaćenicom, počevši i završavajući sa suhim sastojcima. Miješajte dok se ne sjedini.
g) Podijelite tijesto na jednake dijelove između pripremljenih kalupa za torte, zaglađujući vrhove lopaticom.
h) Pecite u prethodno zagrijanoj pećnici otprilike 25-30 minuta ili dok čačkalica zabodena u sredinu kolačića ne izađe čista.
i) Izvadite kolače iz pećnice i ostavite da se ohlade u kalupima 10 minuta. Zatim ih prebacite na rešetku da se potpuno ohlade.

ZA NADJEV KARAMELA:
j) U srednje velikoj tavi pomiješajte zaslađeno kondenzirano mlijeko, maslac i smeđi šećer.
k) Kuhajte na srednje jakoj vatri uz stalno miješanje dok se smjesa ne zgusne i ne postane karamelaste konzistencije, oko 10-15 minuta.
l) Maknite s vatre i umiješajte ekstrakt vanilije.
m) Pustite da se toffee punjenje potpuno ohladi prije upotrebe.

ZA GLAZU OD KARAMELA:
n) U velikoj zdjeli za miješanje tucite omekšali maslac dok ne postane kremast i gladak.
o) Postupno dodajte šećer u prahu, šalicu po šalicu, dobro tučeći nakon svakog dodavanja.
p) Umiješajte toffee umak i ekstrakt vanilije i nastavite miješati dok glazura ne postane lagana i pahuljasta.

SKUPŠTINA:
q) Stavite jedan sloj kolača od banane na tanjur za posluživanje ili stalak za kolače. Po vrhu ravnomjerno rasporedite obilnu količinu toffee nadjeva.
r) Stavite drugi sloj torte na vrh i premažite cijelu tortu glazurom od karamele, koristeći lopaticu ili glatkicu za kolače kako biste dobili glatku završnicu.
s) Po izboru: ukrasite tortu narezanim bananama, čokoladnim strugotinama i malo karamel umaka za dodatnu dekoraciju i okus.
t) Narežite i poslužite banoffee tortu, uživajući

56.No-Bake Vodka Toffee kolač od sira od jabuka

SASTOJCI:
- 6 crvenih jabuka
- 1 žlica soka od limuna
- 230 g Grantham medenjaka ili medenjaka
- 60 g maslaca, otopljenog
- 300 ml duple kreme
- 50 g šećera u prahu
- 150 ml grčkog jogurta
- 310 g svijetlog mekog sira
- 2 žlice karamele votke
- 3,5 unce granuliranog šećera

UPUTE:
a) Ogulite 4 jabuke i narežite ih na komade od 1 cm. Stavite u staklenu zdjelu s limunovim sokom i mikrovalnu pećnicu na punoj snazi 3 minute. Dobro promiješati. Stavite u mikrovalnu još 2-3 minute dok ne postane kašasta s nekoliko malih grudica. Ostaviti da se ohladi.
b) Izmiksajte kekse u multipraktiku dok se ne stvore fine mrvice. Dodajte maslac i miksajte dok se ne sjedini. Dno kalupa s slobodnim dnom promjera 20 cm obložite papirom za pečenje. Dodajte mrvice i ravno pritisnite stražnjom stranom žlice. Ohladite dok ne bude potrebno. Stranice lima obložite dužom trakom papira za pečenje.
c) Tucite vrhnje i šećer u prahu dok se ne formiraju mekani vrhovi. Stavite jogurt, meki sir, votku i umak od jabuke u veliku zdjelu i lagano promiješajte dok se ne ujednače – nemojte pretjerivati. Nježno umiješajte kremu. Žlicom prelijte podlogu, poravnajte stražnjom stranom žlice i ohladite preko noći.
d) Posljednje 2 jabuke izvadite iz središta i tanko narežite. Osušite kuhinjskim valjkom. List kuhinjske rolade stavite na tanjur za mikrovalnu pećnicu i na vrh posložite polovicu kriški jabuke. Pecite u mikrovalnoj pećnici na 800 W 3 minute. Okrenite kriške jabuke, osušite kuhinjskim valjkom i stavite u mikrovalnu pećnicu još 3 minute dok se ne omekšaju i gotovo ne osuše. Ostavite sa strane i ponovite s preostalom jabukom.
e) Stavite list papira za pečenje na rešetku. U manju šerpu stavite šećer i 4 žlice vode. Lagano zagrijavajte bez miješanja, dok se šećer ne

rastopi. Kuhajte 3-4 minute dok ne dobijete medeno zlatnu karamelu. Maknite s vatre, dodajte ¼ suhe jabuke, promiješajte da se prekrije, a zatim izvadite jednu po jednu, dopuštajući da višak karamele kapne natrag u tavu. Slagati na papir za pečenje.

f) Ponovite još tri puta. Ako se karamel zgusne, lagano zagrijavajte 20 sekundi.

g) Cheesecake podignite na tanjur i uklonite papir za pečenje. Po vrhu rasporedite karamel ploške jabuke, po želji pospite mljevenim keksom od đumbira i poslužite.

57.Toffee Poke torta

SASTOJCI:
- 1 paket mješavine za čokoladnu tortu (uobičajene veličine)
- 1 staklenka (17 unci) preljeva za sladoled od škotskog maslaca i karamele
- 1 kutija (12 unci) smrznutog tučenog preljeva, odmrznuta
- 1 šalica maslaca
- 3 Heath čokoladice (1,4 unce svaka), nasjeckane

UPUTE:
a) Pripremite i ispecite kolač prema uputama na pakiranju, koristeći maslac.
b) Ohladite na rešetki.
c) Drškom drvene žlice izbušite rupe u kolaču. U rupe ulijte 3/4 šalice karamel preljeva. Žlicom prelijte preostali karamel preko kolača. Prelijte umućenim preljevom. Pospite slatkišima.
d) Stavite u hladnjak na najmanje 2 sata prije posluživanja.

58. Banoffee tartlete bez pečenja

SASTOJCI:
ZA BAZE:
- 1 šalica suhih datulja
- ½ šalice mljevenih badema
- ¼ žličice cimeta
- 1 šalica sirovih indijskih oraščića

ZA NADJEV:
- ½ šalice suhih datulja
- ½ šalice maslaca od kikirikija
- ½ žličice vanilije
- ¼ šalice kokosovog ulja
- 1 banana
- ¼ šalice kokosovog vrhnja

ZA PRELJEV:
- ½ šalice kokosove kreme, ohlađene
- ½ banane, narezane na kriške

UPUTE:
PRIPREMITE KUHINE ZA TARTLETE:
a) Podlogu kalupa 6 x 10 cm obložite papirom za pečenje ili kalup 1 x 22 cm.

NAPRAVITE BAZU:
b) Datulje potopite u kipuću vodu 10 minuta, zatim ocijedite.
c) U sjeckalici pomiješajte namočene datulje, mljevene bademe, cimet i sirove indijske oraščiće.
d) Miješajte dok ne postane ljepljivo i dobro sjedinjeno, zadržavajući određenu teksturu. Podijelite smjesu u kalupe, pritiskajući je da obložite dno i stranice svakoga. Stavite u frižider dok pripremate nadjev.

PRIPREMITE NADJEV:
e) Datulje potopite 10 minuta u kipuću vodu, zatim ih ocijedite.
f) U sjeckalici pomiješajte namočene datulje, maslac od kikirikija, vaniliju, kokosovo ulje, bananu i vrhnje od kokosa. Miješajte dok ne postane glatko. Žlicom stavljajte nadjev u kalupe za torte, zaglađujući vrhove. Stavite u zamrzivač najmanje 2 sata ili dok ne budete spremni za jelo.

SASTAVITE I POSLUŽITE:
g) Prije posluživanja umutiti ohlađenu kremu od kokosa dok se ne zgusne.
h) Žlicom stavite malo tučenog vrhnja od kokosa na vrh svake tortice.
i) Završite narezanom bananom kao divnim preljevom.

59.Sladoled Banoffee

SASTOJCI:
- ½ šalice nasjeckanih pekan oraha
- 3 žlice maslaca
- ½ šalice pakiranog tamno smeđeg šećera
- ⅔ šalice gustog vrhnja
- Prstohvat soli
- 1 (48 unci) kutija sladoleda od vanilije
- 4 male banane, narezane na ploške

UPUTE:
a) U malom suhom loncu na srednje jakoj vatri tostirajte nasjeckane pekan orahe dok ne zamirišu, povremeno miješajući. Izvaditi iz posude.

PRIPREMITE KARAMEL UMAK:
b) U loncu zakuhajte maslac, tamno smeđi šećer, vrhnje i sol na srednjoj vatri.
c) Kuhajte 1 do 2 minute uz povremeno miješanje dok se smjesa ne zgusne, a šećer ne otopi. Umak malo ohladite.

SASTAVITE SJEDNICE:
d) Žlicom dodajte malu količinu karamel umaka u svaku od 4 šalice za posluživanje.
e) Na vrh umaka dodajte kuglicu sladoleda od vanilije.
f) Preko sladoleda stavite narezane banane.
g) Dodajte još jednu kuglicu sladoleda od vanilije.
h) Pokapajte još karamel umaka preko sladoleda.
i) Pospite tostiranim pekan orašima.

60. Brownie Toffee Trifle

SASTOJCI:
- 1 paket mješavine za slatki kolač (13 in. x 9 in. veličina posude)
- 4 žličice granula instant kave
- ¼ šalice tople vode
- 1¾ šalice hladnog mlijeka
- 1 paket (3,4 unce) mješavine instant pudinga od vanilije
- 2 šalice tučenog preljeva
- 1 paket (11 unci) vanilije ili bijelog čipsa za pečenje
- 3 Heath čokoladice (1,55 unce svaka), nasjeckane

UPUTE:
a) Slijedite upute na pakiranju za pripremu i pečenje kolačića. Cool; narežite na ¾-in. kocke.

b) Otopite granule kave u toploj vodi. Miješajte smjesu za puding i mlijeko 2 minute na niskoj brzini u velikoj zdjeli; umiješajte smjesu kave. Dodajte umućeni preljev.

c) Složite ½ brownie kocke, bombone, čips od vanilije i puding u 3-qt. sitna čaša/posuda; ponavljanje slojeva. Pokriti; prije posluživanja ostavite u hladnjaku minimalno 1 sat.

61.Orašasti kolač Banoffee Bundt

SASTOJCI:
- 1 pakiranje Krusteaz mješavine za kolače i muffine s cimetom
- 1 jaje
- ⅔ šalice vode
- 1 žličica ekstrakta vanilije
- ½ šalice nasjeckanih pekan oraha
- ¼ šalice Toffee komadića
- 2 zrele banane, zgnječene
- ¼ šalice karamel umaka
- Sprej za kuhanje

UPUTE:
a) Zagrijte pećnicu na 350°F. Posudu za bundt sa 6 šalica lagano namastite sprejom za kuhanje.

b) U zdjeli pomiješajte smjesu za kolače, jaje, vodu, ekstrakt vanilije, ¼ šalice nasjeckanih pekan oraha, komadiće karamele i zgnječene banane dok se ne sjedine. Tijesto će biti malo grudičasto.

c) Žlicom stavite polovicu tijesta u pripremljenu posudu za bundt i ravnomjerno ga rasporedite. Polovicom vrećice preljeva od cimeta pospite tijesto. Preostalo tijesto malim žličicama stavljajte preko gornjeg sloja i rasporedite ga do ruba posude. Preostali preljev ravnomjerno pospite po tijestu.

d) Pecite u prethodno zagrijanoj pećnici 40-45 minuta ili dok čačkalica zabodena u sredinu ne izađe čista.

e) Kolač ohladite 5-10 minuta. Nožem za maslac odvojite rubove kolača od kalupa i pažljivo ga preokrenite na tanjur za posluživanje.

f) Prelijte kolač umakom od karamele i ukrasite preostalim nasjeckanim orahima.

62. Toffee Crunch Eclairs

SASTOJCI:
ZA CHOUX PECIVO:
- 1 šalica vode
- 1/2 šalice neslanog maslaca
- 1 šalica višenamjenskog brašna
- 4 velika jaja

ZA NADJEV:
- 2 šalice slastičarske kreme s okusom karamele

ZA TOFFEE CRUNCH PRELJEV:
- 1 šalica komadića karamele ili zdrobljenih bombona od karamele
- 1/2 šalice nasjeckanih orašastih plodova (npr. bademi ili pekan orasi)

ZA GLAZURU:
- 1/2 šalice tamne čokolade, nasjeckane
- 1/4 šalice neslanog maslaca
- 1 šalica šećera u prahu
- 1/4 šalice vruće vode

UPUTE:
CHOUX PECIVO:
a) Zagrijte pećnicu na 375°F (190°C) i obložite lim za pečenje papirom za pečenje.
b) U loncu pomiješajte vodu i maslac. Zagrijte na srednjoj vatri dok se maslac ne rastopi i smjesa ne zavrije.
c) Maknite s vatre, dodajte brašno i snažno miješajte dok smjesa ne postane kugla.
d) Pustite da se tijesto ohladi nekoliko minuta, a zatim dodajte jedno po jedno jaje, dobro umutite nakon svakog dodavanja.
e) Premjestite tijesto u vrećicu za pečenje i izlijte éclairs na pripremljeni lim za pečenje.
f) Pecite oko 30 minuta ili dok ne porumene. Ostaviti da se ohladi.

PUNJENJE:
g) Pripremite slastičarsku kremu s okusom karamele. Možete dodati ekstrakt karamele ili zdrobljene komadiće karamele klasičnom receptu za slastičarsku kremu ili koristiti već pripremljenu slastičarsku kremu s okusom karamele.

h) Punite éclairs slastičarskom kremom s okusom karamele pomoću vrećice za pečenje ili male žličice.

TOFFEE CRUNCH PRELJEV:

i) U zdjeli pomiješajte komadiće karamele i nasjeckane orahe.

j) Punjene éclairs izdašno pospite toffee crunch preljevom, osiguravajući ravnomjerno prekrivanje.

GLAZURA:

k) U zdjeli otpornoj na toplinu otopite tamnu čokoladu i maslac na pari.

l) Maknite s vatre, dodajte šećer u prahu i postupno umiješajte vruću vodu dok smjesa ne postane glatka.

m) Umočite vrh svakog éclaira u glazuru od tamne čokolade, osiguravajući ravnomjerno prekrivanje. Pustite da višak kapne.

n) Glazirane eklere stavite na pladanj i ostavite da se ohlade dok se čokolada ne stegne.

o) Poslužite ohlađeno i uživajte u slatkoj i hrskavoj dobroti Toffee Crunch Éclairs!

63.Toffee kolačići s maslacem od kikirikija

SASTOJCI:
- 1 zrela banana, zgnječena
- 1/4 šalice kremastog maslaca od kikirikija
- 1/4 šalice meda
- 1 žličica ekstrakta vanilije
- 1 šalica starinske zobi
- 1/4 šalice komadića karamele
- 1/4 šalice nasjeckanih orašastih plodova (kao što su bademi ili pekan orasi)

UPUTE:
a) Zagrijte pećnicu na 350°F (175°C) i obložite lim za pečenje papirom za pečenje.
b) U velikoj zdjeli za miješanje pomiješajte zgnječenu bananu, maslac od kikirikija, med i ekstrakt vanilije dok ne postane glatko.
c) Umiješajte zobene zobi, komadiće karamele i nasjeckane orašaste plodove dok se dobro ne sjedine.
d) Ubacite žlice tijesta za kekse na pripremljeni lim za pečenje, razmaknuvši ih oko 2 inča.
e) Svaki kolačić malo spljoštite stražnjom stranom žlice.
f) Pecite 12-15 minuta, ili dok rubovi ne porumene.
g) Ostavite kolačiće da se ohlade na limu za pečenje nekoliko minuta prije nego što ih prebacite na rešetku da se potpuno ohlade.
h) Uživajte u ovim zdravim i ukusnim kolačićima za doručak s karamelama kao opciji za doručak uz sebe!

64. engleski Toffee

SASTOJCI:
- 1 šalica maslaca
- 1 ¼ šalice bijelog šećera
- 2 žlice vode
- ¼ šalice nasjeckanih badema
- 1 šalica komadića čokolade

UPUTE:
a) Premažite maslacem posudu za pečenje želea veličine 10x15 inča.
b) Otopite maslac u jakoj tavi na srednjoj vatri. Umiješajte šećer i vodu. Prokuhajte i dodajte bademe. Kuhajte neprestano miješajući dok se orasi ne ispeku i dok šećer ne postane zlatan. Ulijte smjesu u pripremljenu posudu; ne širiti se.
c) Odmah po vrhu pospite komadiće čokolade. Pustite da odstoji minutu, a zatim premažite čokoladom po vrhu. Pustite da se potpuno ohladi, a zatim izlomite na komade.

65.Krem pita od karamele

SASTOJCI:
- 1-1/2 šalice vrhnja pola-pola
- 1 paket (3,4 unce) mješavine instant pudinga od vanilije
- 6 Heath čokoladica (1,4 unce svaka), nasjeckanih
- 1 karton (8 unci) smrznutog tučenog preljeva, odmrznut, podijeljen
- 1 kora od čokoladnih mrvica (9 inča)

UPUTE:
a) Smjesu pudinga s vrhnjem miješajte u velikoj zdjeli 2 minute. Ostavite da odstoji 2 min. dok se djelomično ne postavi. Umiješajte 1 šalicu nasjeckanog bombona. Umiješajte 2 šalice tučenog preljeva. Preliti preko kore.

b) Premažite vrh preostalim tučenim preljevom i pokapajte preostalim slatkišima. Zamrznite, pokriveno, dok se ne stegne najmanje 4 sata.

66. Toffee fondue

SASTOJCI:
- 1 pakiranje kraft karamela (veliko)
- ¼ šalice mlijeka
- ¼ šalice jake crne kave
- ½ šalice čipsa od mliječne čokolade --
- kriške jabuke
- Komadi banane
- Bijeli sljez
- Torta s anđeoskom hranom -- kocke od 1 inča

UPUTE:
a) Stavite karamele, mlijeko, kavu i komadiće čokolade na vrh parnog kotla; kuhajte iznad kipuće vode, miješajući, dok se ne rastopi i izmiješa. Stavite u posudu za fondue.

b) Voće, marshmallows i kolač na vilicama za fondue; umočite u fondue.

67. Espresso Toffee Crunch Semifreddo

SASTOJCI:
- 4 žumanjka
- ½ šalice granuliranog šećera
- 1 šalica gustog vrhnja
- ¼ šalice jako kuhanog espressa, ohlađenog
- ½ šalice komadića karamele
- ¼ šalice zdrobljenih espresso zrna prelivenih čokoladom (za ukras)

UPUTE:
a) U velikoj zdjeli za miješanje pjenasto miksajte žumanjke i šećer dok ne postanu blijeda i kremasta.
b) U posebnoj zdjeli umutite čvrsto vrhnje dok se ne formiraju mekani vrhovi.
c) Nježno umiješajte kuhani espresso i komadiće karamele u šlag.
d) Postupno dodajte smjesu tučenog vrhnja u smjesu žumanjaka, lagano miješajući dok se dobro ne sjedini.
e) Ulijte smjesu u kalup za kruh ili pojedinačne kalupe i pospite zrncima za espresso prelivenu čokoladom.
f) Zamrznite najmanje 6 sati ili preko noći.
g) Za posluživanje izvadite iz zamrzivača i ostavite nekoliko minuta na sobnoj temperaturi prije rezanja.

68.Parfe od kave i karamele

SASTOJCI:
- 3 šalice ledenog mlijeka za kavu

TOFFEE CRUNC
- 6 žlica smrznutog tučenog preljeva smanjene kalorijske vrijednosti, odmrznutog
- ½ šalice čvrsto pakiranog tamno smeđeg šećera
- ¼ šalice narezanih badema
- 2 žličice margarina u štapićima, omekšalog
- Sprej za kuhanje povrća

UPUTE:
a) Žlicom dodajte ¼ šalice ledenog mlijeka za kavu u svaku od 6 čaša za parfe, na vrh svake dodajte 2 žlice Toffee Cruncha.

b) Ponovite slojeve i svaki parfe prelijte 1 žlicom tučenog preljeva. Zamrznite do posluživanja. Priprema: 6 porcija.

ZA TOFFEE CRUNCCH:
c) Pomiješajte šećer, bademe i margarin u multipraktiku i miksajte 10 puta ili dok se orasi ne usitne. Utisnite smjesu u krug od 7 inča na limu za pečenje premazanom sprejom za kuhanje.

d) Pecite 1 minutu dok ne postane mjehurić, ali ne zagori. Izvadite iz pećnice i ostavite stajati 5 minuta. Nježno preokrenite toffee pomoću široke lopatice i pecite još jednu minutu.

e) Izvadite iz pećnice i ostavite da se ohladi. Smjesu karamele razlomite na komade od ½ inča.

69. Toffee kruh puding

SASTOJCI:
- 6 šalica jednodnevnog kruha narezanog na kockice
- 2 šalice mlijeka
- 1/2 šalice gustog vrhnja
- 3 velika jaja
- 1/2 šalice granuliranog šećera
- 1 žličica ekstrakta vanilije
- 1/2 šalice komadića karamele
- Karamel umak za posluživanje

UPUTE:

a) Zagrijte pećnicu na 350°F (175°C) i namastite posudu za pečenje 9x13 inča.

b) Stavite kockice kruha u pripremljenu posudu za pečenje.

c) U zdjeli za miješanje pomiješajte mlijeko, vrhnje, jaja, šećer i ekstrakt vanilije dok se dobro ne sjedine.

d) Mliječnu smjesu prelijte preko kockica kruha, pazeći da je sav kruh obložen.

e) Po vrhu ravnomjerno pospite komadiće karamele.

f) Ostavite puding od kruha oko 15 minuta da kruh upije tekućinu.

g) Pecite 35-40 minuta, ili dok se puding ne stegne i porumeni na vrhu.

h) Poslužite toplo s karamel umakom po vrhu. Uživajte u ovom ugodnom pudingu od Toffee Bread pudinga kao divnom desertu!

70.Toffee Cheesecake pločice

SASTOJCI:

- 2 šalice mrvica graham krekera
- 1/2 šalice neslanog maslaca, otopljenog
- 16 unci krem sira, omekšalog
- 1/2 šalice granuliranog šećera
- 2 velika jaja
- 1 žličica ekstrakta vanilije
- 1/2 šalice komadića karamele

UPUTE:

a) Zagrijte pećnicu na 350°F (175°C) i obložite posudu za pečenje 8x8 inča papirom za pečenje.

b) U zdjeli za miješanje pomiješajte mrvice graham krekera i otopljeni maslac dok se dobro ne sjedine.

c) Smjesu ravnomjerno utisnite u dno pripremljene posude za pečenje kako biste formirali koricu.

d) U drugoj zdjeli tucite krem sir i šećer dok ne postanu glatki i kremasti.

e) Dodajte jedno po jedno jaje, dobro umutite nakon svakog dodavanja. Umiješajte ekstrakt vanilije.

f) Umiješajte komadiće karamele dok se ravnomjerno ne rasporede po smjesi.

g) Prelijte smjesu krem sira preko kore graham krekera i ravnomjerno je rasporedite.

h) Pecite 25-30 minuta, ili dok se rubovi ne stvrdnu, a sredina ne postane lagano drhtava.

i) Pustite da se pločice cheesecakea potpuno ohlade u posudi za pečenje prije nego što ih narežete na kvadrate. Uživajte u ovim bogatim i kremastim Toffee Cheesecake pločicama kao dekadentnoj poslastici!

71.Toffee Apple Crisp

SASTOJCI:
- 4 šalice narezanih jabuka (kao što su Granny Smith ili Honeycrisp)
- 1 žlica soka od limuna
- 1/2 šalice granuliranog šećera
- 1/4 šalice višenamjenskog brašna
- 1/2 žličice mljevenog cimeta
- 1/4 žličice mljevenog muškatnog oraščića
- 1 šalica starinske zobi
- 1/2 šalice višenamjenskog brašna
- 1/2 šalice pakiranog smeđeg šećera
- 1/4 šalice komadića karamele
- 1/2 šalice neslanog maslaca, otopljenog

UPUTE:

a) Zagrijte pećnicu na 350°F (175°C) i namastite posudu za pečenje 9x9 inča.

b) U velikoj zdjeli pomiješajte narezane jabuke s limunovim sokom dok se ne prekriju.

c) U zasebnoj zdjeli pomiješajte granulirani šećer, 1/4 šalice brašna, cimet i muškatni oraščić. Ovu smjesu dodajte jabukama i pomiješajte.

d) Smjesu jabuka ravnomjerno rasporedite u pripremljenu posudu za pečenje.

e) U zdjeli za miješanje pomiješajte zobene zobi, 1/2 šalice brašna, smeđi šećer i komadiće karamele. Umiješajte otopljeni maslac dok ne postane mrvičast.

f) Mješavinu zobi ravnomjerno pospite po jabukama u posudi za pečenje.

g) Pecite 35-40 minuta, ili dok preljev ne porumeni, a jabuke omekšaju.

h) Poslužite toplo s kuglicom sladoleda od vanilije ili malo šlaga. Uživajte u ovom ugodnom Toffee Apple Crisp-u kao ukusnom desertu!

72. Toffee Banana Split

SASTOJCI:
- 2 zrele banane
- 2 kuglice sladoleda od vanilije
- Čokoladni umak
- Karamel umak
- Šlag
- Maraskino višnje
- Komadići karamele

UPUTE:
a) Banane ogulite i svaku uzdužno prerežite na pola.
b) Polovice banane stavite u posudu za posluživanje ili čamac.
c) Na svaku polovicu banane stavite kuglicu sladoleda od vanilije.
d) Prelijte čokoladnim umakom i karamel umakom.
e) Ukrasite šlagom, maraskino višnjama i pospite komadićima karamele.
f) Poslužite odmah i uživajte u ovom izdašnom Toffee Banana Splitu kao klasičnom desertu s ukusnim zaokretom!

73.Toffee Pecan pita

SASTOJCI:
- 1 nepečena kora za pitu (domaća ili kupovna)
- 3 velika jaja
- 1 šalica kukuruznog sirupa
- 1 šalica granuliranog šećera
- 2 žlice neslanog maslaca, otopljenog
- 1 žličica ekstrakta vanilije
- Prstohvat soli
- 1 šalica nasjeckanih oraha oraha
- 1/2 šalice komadića karamele

UPUTE:
a) Zagrijte pećnicu na 350°F (175°C) i stavite nepečenu koru za pitu u posudu za pitu od 9 inča.
b) U posudi za miješanje umutite jaja. Dodajte kukuruzni sirup, šećer, rastopljeni maslac, ekstrakt vanilije i sol te miješajte dok se dobro ne sjedini.
c) Umiješajte nasjeckane pekan orahe i komadiće karamele dok se ravnomjerno ne rasporede.
d) Ulijte smjesu u koru za pitu.
e) Pecite 50-60 minuta, ili dok se nadjev ne stegne i korica ne porumeni.
f) Ostavite pitu da se potpuno ohladi prije rezanja i posluživanja. Uživajte u ovoj dekadentnoj piti od Toffee Pecan Pie kao divnom desertu za svaku priliku!

ZAČINI

74.Toffee maslac

SASTOJCI:
- 1/2 šalice neslanog maslaca, omekšalog
- 2 žlice šećera u prahu
- 1/4 šalice komadića karamele

UPUTE:
a) U zdjeli za miješanje tucite omekšali maslac dok ne postane glatko i kremasto.
b) Dodajte šećer u prahu i tucite dok se dobro ne sjedini.
c) Nježno umiješajte komadiće karamele dok se ravnomjerno ne rasporede.
d) Premjestite toffee maslac u posudu za posluživanje ili oblikujte cjepanicu pomoću plastične folije.
e) Poslužite toffee maslac na tostu, muffinima, pogačicama ili palačinkama za bogat i ugodan namaz.

75.Toffee glazura od vanilije

SASTOJCI:
- 1½ šalice neslanog maslaca, omekšalog
- 4 šalice šećera u prahu
- ¼ šalice toffee umaka (može biti kupovni ili domaći)
- 1 žličica ekstrakta vanilije

UPUTE:
a) U velikoj zdjeli za miješanje tucite omekšali maslac dok ne postane kremast i gladak.

b) Postupno dodajte šećer u prahu, šalicu po šalicu, dobro tučeći nakon svakog dodavanja.

c) Umiješajte toffee umak i ekstrakt vanilije i nastavite miješati dok glazura ne postane lagana i pahuljasta.

76.Toffee umak

SASTOJCI:
- 1 šalica gustog vrhnja
- 1/2 šalice neslanog maslaca
- 1 šalica smeđeg šećera
- 1/4 šalice komadića karamele

UPUTE:
a) U loncu pomiješajte gusto vrhnje, neslani maslac i smeđi šećer na srednjoj vatri.
b) Neprestano miješajte dok se maslac ne otopi i šećer ne otopi.
c) Neka smjesa lagano prokuha, a zatim smanjite vatru na nisku.
d) Kuhajte 5-7 minuta uz povremeno miješanje dok se umak malo ne zgusne.
e) Maknite s vatre i umiješajte komadiće karamele dok se ne otope i sjedine.
f) Ostavite toffee umak da se malo ohladi prije posluživanja. Prelijte preko sladoleda, palačinki, vafla ili deserta za dekadentan dodir.

77. Toffee šlag

SASTOJCI:
- 1 šalica gustog vrhnja
- 2 žlice šećera u prahu
- 1 žličica ekstrakta vanilije
- 1/4 šalice komadića karamele

UPUTE:
a) U zdjeli za miješanje tucite čvrsto vrhnje, šećer u prahu i ekstrakt vanilije dok se ne formiraju mekani vrhovi.
b) Nježno umiješajte komadiće karamele dok se ravnomjerno ne rasporede.
c) Upotrijebite šlag od karamele kao vrhnje vrućeg kakaa, kave, deserta ili voća za kremasti i aromatični dodatak.

78.Toffee krem sirni namaz

SASTOJCI:
- 8 unci krem sira, omekšalog
- 1/4 šalice šećera u prahu
- 1 žličica ekstrakta vanilije
- 1/4 šalice komadića karamele

UPUTE:
a) U zdjeli za miješanje tucite omekšali krem sir dok ne postane glatko i kremasto.
b) Dodajte šećer u prahu i ekstrakt vanilije i tucite dok se dobro ne sjedini.
c) Nježno umiješajte komadiće karamele dok se ravnomjerno ne rasporede.
d) Namažite toffee krem sir na bagele, tost, muffine ili krekere za slatki i kremasti preljev.

79.Med s infuzijom karamele

SASTOJCI:
- 1 šalica meda
- 1/4 šalice komadića karamele

UPUTE:
a) U malom loncu zagrijte med na laganoj vatri dok se ne zagrije.
b) Umiješajte komadiće karamele dok se ne počnu topiti i ulijevati u med.
c) Maknite s vatre i pustite da se malo ohladi prije prebacivanja u staklenku ili posudu.
d) Koristite karamele s medom za zaslađivanje čaja, pokapajte preko jogurta ili zobenih pahuljica ili ih koristite kao glazuru za pečeno povrće ili meso.

80.Toffee glazura

SASTOJCI:
- 1 šalica šećera u prahu
- 2 žlice mlijeka ili vrhnja
- 1/4 žličice ekstrakta vanilije
- 2 žlice komadića karamele

UPUTE:
a) U zdjeli pomiješajte šećer u prahu, mlijeko ili vrhnje i ekstrakt vanilije dok ne postane glatko.
b) Umiješajte komadiće karamele dok se ravnomjerno ne rasporede.
c) Prelijte glazuru preko kolača, kolačića, muffina ili peciva s cimetom za slatki i ukusni preljev.

81. Toffee sirup

SASTOJCI:
- 1 šalica vode
- 1 šalica granuliranog šećera
- 1/4 šalice komadića karamele

UPUTE:
a) U loncu pomiješajte vodu i granulirani šećer. Zagrijte na srednjoj vatri uz povremeno miješanje dok se šećer ne otopi.
b) Kad se šećer otopi, smanjite vatru i kuhajte 5-7 minuta dok se sirup malo ne zgusne.
c) Maknite s vatre i umiješajte komadiće karamele dok se ne otope i uliju u sirup.
d) Ostavite toffee sirup da se ohladi prije nego što ga prebacite u bocu ili staklenku. Koristite ga za zaslađivanje kave, koktela ili za prelijevanje palačinki ili tosta.

82. Toffee krema

SASTOJCI:
- 1 šalica gustog vrhnja
- 2 žlice šećera u prahu
- 1/4 šalice komadića karamele

UPUTE:
a) U zdjeli za miješanje tucite čvrsto vrhnje i šećer u prahu dok se ne formiraju mekani vrhovi.
b) Nježno umiješajte komadiće karamele dok se ravnomjerno ne rasporede.
c) Poslužite kremu od karamela uz pite, kolače ili deserte za slasnu i kremastu pratnju.

83.Toffee umak za palačinke

SASTOJCI:
- 1/2 šalice javorovog sirupa
- 2 žlice toffee umaka (iz recepta za toffee umak)

UPUTE:
a) U malom loncu zagrijte javorov sirup na laganoj vatri dok se ne zagrije.
b) Umiješajte toffee umak dok se potpuno ne sjedini.
c) Maknite s vatre i pustite da se malo ohladi.
d) Prelijte toffee umak za palačinke preko palačinki ili vafla za slatki i ugodan doručak.

PIĆA

84. Toffee Milkshake

SASTOJCI:
- 2 kuglice sladoleda od vanilije
- 1/2 šalice mlijeka
- 1/4 šalice toffee umaka (pogledajte recept gore)
- Šlag
- Komadići karamela za ukras

UPUTE:
a) U blenderu pomiješajte sladoled od vanilije, mlijeko i toffee umak.
b) Miješajte dok ne postane glatko i kremasto.
c) Ulijte milkshake u čašu.
d) Vrh premažite šlagom i pospite komadićima karamele.
e) Uživajte u ovom izdašnom i kremastom Toffee Milkshakeu!

85.Toffee Iced Tea

SASTOJCI:
- 1 šalica skuhanog crnog čaja, ohlađenog
- 1/4 šalice toffee sirupa
- Kocke leda
- Kriške limuna za ukras

UPUTE:
a) Napunite čašu kockicama leda.
b) Skuhani crni čaj ulijte u čašu.
c) Umiješajte sirup od karamele dok se dobro ne izmiješa.
d) Ukrasite kriškama limuna.
e) Uživajte u ovom osvježavajućem i suptilno slatkom Toffee Iced Tea!

86. Banoffee Frappuccino

SASTOJCI:
- 1 šalica kuhane kave, ohlađene
- ½ šalice mlijeka (mliječnog ili biljnog)
- 2 zrele banane, smrznute
- 2 žlice toffee sirupa
- Šlag za preljev
- Zdrobljeni komadići karamele za ukras

UPUTE:
a) U blenderu pomiješajte ohlađenu skuhanu kavu, mlijeko, smrznute banane i sirup od karamele.
b) Miješajte dok ne postane glatko i kremasto.
c) Ulijte u čašu, prelijte šlagom i ukrasite zdrobljenim komadićima karamele.

87.Banoffee Smoothie od kave

SASTOJCI:
- 1 zrela banana, smrznuta
- 1 šalica hladno kuhane kave
- ½ šalice mlijeka (mliječnog ili biljnog)
- 2 žlice toffee sirupa
- 1 žlica maslaca od badema
- Kocke leda
- 1 žličica kakao praha

UPUTE:
a) U blenderu pomiješajte smrznutu bananu, cool brew kavu, mlijeko, toffee sirup i maslac od badema.
b) Miješajte dok ne postane glatko.
c) Dodajte kockice leda i ponovno miksajte dok ne postignete željenu gustoću.
d) Ulijte u čašu i po želji pokapajte dodatnim toffee sirupom i kakaom u prahu.

88. Banoffee proteinski smoothie

SASTOJCI:
- 1 zrela banana
- ½ šalice proteinskog praha vanilije
- ¼ šalice toffee umaka
- 1 šalica bademovog mlijeka
- Kocke leda

UPUTE:
a) Pomiješajte zrelu bananu, proteinski prah vanilije, umak od karamele, bademovo mlijeko i kockice leda dok se dobro ne sjedine.
b) Ulijte u čašu i uživajte u ovom proteinskom Banoffee smoothiju.

89.Banoffee Blitz koktel

SASTOJCI:
- 1 unca (30 ml) začinjenog ruma
- 1 unca (30 ml) rakije od maslaca
- 1 unca (30 ml) sirupa od slane karamele
- 1 ½ unce (45 ml) mlijeka
- ½ banane
- Led

UPUTE:
a) U blenderu pomiješajte 1 uncu začinjenog ruma, 1 uncu Butterscotch rakije, 1 uncu sirupa od slane karamele, 1 ½ unce mlijeka i pola banane.
b) Dodajte šaku leda u blender.
c) Pomiješajte sve sastojke dok ne dobijete glatku i kremastu konzistenciju.
d) Ulijte koktel u čašu ili posudu za posluživanje po izboru.
e) Ukrasite šlagom, posipom mljevenog cimeta i pjenastom bananom.
f) Poslužite i uživajte u svom ukusnom Banoffee Blitz koktelu!

90. Ječmeno vino i Toffee

SASTOJCI:
- Ječmeno vino Ale
- Toffee-Tastic kolačić

UPUTE:
a) Dodajte šaku kolačića u francuski tisak.
b) Prelijte 12 unci ječmenog vina i ostavite da se strmi 3 minute, zatim pritisnite filter prema dolje i poslužite.
c) Provucite ovo kroz nekoliko dodatnih naprezanja mreže, jer je kolačić bio značajan u ovom. Možda ostavite da odstoji duže ako želite da kolačić prođe onako kako je predviđeno.

91.Crème Brûlée Boba čaj s karameleom

SASTOJCI:
CRÈME BRÛLÉE PUDING
- 2 žlice granuliranog šećera
- 2 velika žumanjka
- 1 šalica gustog vrhnja
- ½ žličice ekstrakta vanilije

SMEĐI ŠEĆER BOBA
- ½ šalice bobe
- 3 žlice smeđeg šećera
- 1 prstohvat košer soli

HOJICHA BOBA ČAJ
- 2 šalice mlijeka
- 3 vrećice hojicha čaja
- 2 žlice granuliranog šećera
- 1 prstohvat košer soli

SKUPŠTINA
- Led
- ¼ šalice zdrobljenih komadića karamele

UPUTE:
CRÈME BRÛLÉE PUDING
a) Noć prije biste željeli popiti svoj Boba čaj, napraviti crème Brûlée, a zatim ga ohladiti preko noći.
b) Zagrijte pećnicu na 250 F.
c) U srednjoj zdjeli pjenasto izmiješajte šećer i žumanjke dok se ne sjedine. Dodajte gusto vrhnje i ekstrakt vanilije i promiješajte da se sjedini.
d) Stavite posudu otpornu na pećnicu kapaciteta 1½ šalice u posudu za pečenje s dovoljno visokim stranicama tako da se voda može uliti do otprilike polovice posude.
e) Zakuhajte vodu u srednjem loncu.
f) Ulijte smjesu za kremu u vatrostalnu posudu. Otvorite pećnicu i lagano izvucite rešetku pećnice, a zatim stavite posudu za pečenje na rešetku.
g) Nježno ulijte kipuću vodu u posudu za pečenje, pazeći da voda ne prsne u kremu. Nastavite ulijevati kipuću vodu dok ne dosegne ili malo

bude iznad razine na kojoj se nalazi krema. Lagano gurnite rešetku pećnice natrag i zatvorite pećnicu.

h) Pecite 35-40 minuta, ili dok se krema ne stegne. Ako vam se čini tekućim, pecite još 5 minuta, pa ponovno provjerite. Trebalo bi biti klimavo u sredini, ali ne tekuće.

i) Izvadite kremu iz vodene kupelji i ostavite da se ohladi na sobnoj temperaturi. Stavite u hladnjak dok se ne ohladi.

SMEĐI ŠEĆER BOBA

j) Stavite lonac srednje velike količine vode da prokuha, zatim dodajte bobu i smanjite vrije. Kuhajte dok u cijelosti ne postane prozirno i omekša. Vrijeme će ovisiti o vrsti bobe koju imate, pa provjerite pakiranje.

k) Ocijedite bobu, zatim umiješajte smeđi šećer i sol. Neka se ohladi.

HOJICHA Boba čaj

l) Zagrijte mlijeko do pare.

m) Dodajte vrećice čaja. Kuhajte čaj 15 minuta, zatim dodajte šećer i prstohvat soli. Iscijedite sav višak tekućine iz vrećica čaja u Boba čaj, a zatim bacite vrećice čaja.

n) Stavite u hladnjak dok se ne ohladi i držite u hladnjaku do posluživanja.

SKUPŠTINA

o) Napunite 4 čaše do pola ledom. Bobu i Boba Tea rasporedite po čašama i sve promiješajte. U svaku šalicu stavite veliku žlicu crème brûléea i na vrh stavite komadiće karamele. Poslužite hladno!

92.Toffee Nut Latte

SASTOJCI:
- 1 šalica espressa
- 1 šalica kuhanog mlijeka
- 2 žlice sirupa od karamele

UPUTE:
a) Skuhajte dozu espressa.
b) Mlijeko kuhajte na pari dok ne postane pjenasto.
c) Umiješajte sirup od karamele.
d) Ulijte espresso u šalicu, prelijte mlijekom na pari i promiješajte.

93.Toffee ruski

SASTOJCI:
- 1 1/2 oz votke
- 1/2 oz likera od kave
- 1/2 oz likera od karamele
- 1 oz vrhnja ili mlijeka
- Kocke leda

UPUTE:

a) Napunite čašu kockicama leda.

b) U čašu ulijte votku, liker od kave, liker od karamele i vrhnje ili mlijeko.

c) Miješajte dok se dobro ne sjedini.

d) Uživajte u ovom kremastom i dekadentnom Toffee Russianu!

94. Banoffee pita Martini

SASTOJCI:
- 1½ unce (45 ml) likera od banane
- 1 unca (30 ml) karamel votke
- 1 unca (30 ml) Irish Cream likera (poput Baileysa)
- 1 unca (30 ml) pola i pola (pola mlijeka, pola vrhnja)
- Led
- Šlag za ukras
- Karamel umak za prelijevanje

UPUTE:
a) Napunite shaker za koktele ledom.
b) Dodajte liker od banane, karamel votku, irski krem liker i pola-pola u shaker.
c) Dobro protresite dok se smjesa ne ohladi.
d) Procijedite martini u ohlađenu čašu za martini.
e) Ukrasite malo tučenog vrhnja i mrvicu karamel umaka.
f) Poslužite odmah i uživajte u svom Banoffee Pie Martiniju!

95.Banoffee staromodni

SASTOJCI:
- 40 ml tamnog ruma
- 20 ml začinjenog ruma
- 15 ml likera od banane
- 7½ ml sirupa od meda
- 1 crtica Angostura bitera
- 1 mrvica gorke čokolade

UPUTE:
a) Napunite kamenu čašu ledom.
b) Ulijte sve sastojke u čašu i promiješajte.
c) Ukrasite čipsom od banane.
d) Uživajte u svom Banoffee Old Fashioned koktelu!

96. Banoffee Milkshake

SASTOJCI:
- 1 žličica biljnog ulja
- 1 žlica kukuruza za kokičanje
- ⅓ šalice karamel umaka
- 100 g tamne čokolade, otopljene
- 2 zrele banane
- 2 kuglice sladoleda od vanilije
- 1 ½ šalice mlijeka
- Šlag iz konzerve, za posluživanje
- Obični pereci, za ukrašavanje
- Čokoladni pereci, za ukrašavanje
- 20 g crne čokolade, naribane

UPUTE:
a) Zagrijte ulje u srednjoj tavi na jakoj vatri. Dodajte kukuruz za kokičanje.
b) Kuhajte, poklopljeno, tresući posudu, 3-4 minute ili dok zvuk pucanja ne prestane. Maknite s vatre.
c) Pospite solju i dodajte 1 žlicu karamel umaka. Promiješajte da se prekrije. Ostaviti sa strane da se ohladi.
d) Otopljenu čokoladu ulijte u čaše od 4 x 300 ml i lagano premažite rubove čaša.
e) Pomiješajte bananu, sladoled, mlijeko i 2 žlice karamel umaka dok ne postane glatko i pjenasto. Ulijte u pripremljene čaše. Odozgo premazati šlagom. Oko vrha čaše posložite perece.
f) Preko posuti karamel kokice i naribanu čokoladu. Poslužite odmah.

97.Banoffee pita koktel

SASTOJCI:
- 1 banana
- 2 unce banana ruma
- 2 unce pola-pola
- 2 žlice Dulce de Leche
- Led

UPUTE:
a) U blender dodajte bananu.
b) Zatim dodajte banana rum.
c) Dodajte pola i pola.
d) Dodajte Dulce de Leche.
e) Pomiješajte sastojke i dodajte led po želji.

98.Banoffee pita frape

SASTOJCI:
- 3 pune žličice sladnog mlijeka
- 1 kuglica sladoleda od vanilije
- 200 ml mlijeka
- 1 banana + 2 kriške za preljev
- 20 ml karamel umaka
- 1 izmrvljeni keks
- Prstohvat cimeta
- Kocke leda

UPUTE:
a) Stavite mlijeko, mlijeko sa sladom, bananu, sladoled i kockice leda u vrč blendera.
b) Mutite punom brzinom da dobijete glatko, kremasto piće.
c) Ulijte frape u svoju omiljenu čašu.
d) Vrh prelijte umakom od karamele ili javorovim sirupom.
e) Dodajte izmrvljeni biskvit, nekoliko kriški banane i prstohvat cimeta za ukras.

99.Banoffee topla čokolada

SASTOJCI:
- 1 šalica vruće čokolade (pripremljene s mlijekom)
- 1 zrela banana, zgnječena
- 2 žlice toffee umaka
- Šlag za preljev
- Cimet za ukrašavanje

UPUTE:
a) Pripremite vruću čokoladu s mlijekom.
b) Umiješajte zgnječenu bananu i umak od karamele dok se dobro ne sjedini.
c) Prelijte šlagom i pospite cimetom.

100. Banoffee Colada

SASTOJCI:
- 1 zrela banana, oguljena i narezana na ploške
- 1 šalica komadića ananasa (svježih ili konzerviranih)
- 2 unce (60 ml) kokosovog vrhnja
- 1 unca (30 ml) dulce de leche ili karamel umaka
- 2 unce (60 ml) likera od banane
- 1½ unce (45 ml) tamnog ruma
- 1 šalica kockica leda
- Šlag (za ukras)
- Kriške banane i kriške ananasa (za ukras)

UPUTE:
a) U blenderu pomiješajte zrelu bananu, komadiće ananasa, kokosovo vrhnje, dulce de leche, liker od banane, tamni rum i kockice leda.
b) Miješajte dok ne postane glatko i kremasto.
c) Kušajte i prilagodite slatkoću ako je potrebno dodavanjem još dulce de leche ili likera od banane.
d) Ulijte smjesu u čaše za posluživanje.
e) Ukrasite komadićem šlaga.
f) Na vrh stavite kriške banane i kriške ananasa.
g) Po želji: prelijte još dulce de leche ili karamel umaka preko šlaga za dodatnu slatkoću.
h) Ubacite slamku i uživajte u ovoj tropskoj i ukusnoj Banoffee Coladi!

ZAKLJUČAK

Dok se opraštamo od "POTPUNA KUHARICA ZA KARAMELA", činimo to sa srcima punim zahvalnosti za okuse koje smo kušali, stvorena sjećanja i slatko uživanje koje smo dijelili putem. Kroz 100 primamljivih poslastica blaženstva s maslacem, istražili smo beskrajne mogućnosti karamele i proslavili jednostavne užitke uživanja u domaćoj poslastici.

Ali naše putovanje ne završava ovdje. Dok se vraćamo u naše kuhinje, naoružani novim nadahnućem i cijenjenjem karamele, nastavimo eksperimentirati, inovirati i stvarati s ovim divnim slatkišem. Bilo da pripremamo karamele za sebe ili ih dijelimo s drugima, neka nam recepti u ovoj kuharici služe kao izvor radosti i utjehe u godinama koje dolaze.

I dok uživamo u svakom ukusnom zalogaju, prisjetimo se topline kuhinje, smijeha voljenih osoba i jednostavnih užitaka prepuštanja slatkom zalogaju. Hvala vam što ste nam se pridružili na ovom ukusnom putovanju. Neka vaša kuhinja bude ispunjena aromom karameliziranog šećera, vaša smočnica puna dobrote od maslaca, a vaše srce prepuno sreće koja proizlazi iz uživanja u jednostavnim zadovoljstvima života.